アイヌ副読本

『アイヌ民族：歴史と現在』を斬る

北朝鮮チュチェ思想汚染から子供を守れ

的場光昭

展転社

はじめに

北海道の小中学校に平成二十年（二〇〇八）以降に在校された方であれば、一度は目を通したことがあるアイヌ副読本『アイヌ民族：歴史と現在』（財団法人アイヌ文化振興・研究推進機構、所管は国土交通省）には多くの記載《きさい》に誤《あやま》りがあり、また多くのウソが盛り込まれていることが問題視されてきました。

写真１　副読本表紙

北海道議会自民党議員団が記載に問題があると申し入れをしましたが、執筆者《しっぴつ》たちは、学問の自由や表現の自由という訳のわからない理由を並べ立てて、この申し入れを拒否《きょひ》していました。

平成三十年（二〇一八）に改訂版《かいていばん》（写真１　小学生用と中学生用、他に教師用もあり）が公益財団法人アイヌ民族文化財団（所管は同じく国土交通省）によって出されましたが、先の申し入れも含めて誤りは全く正されていません。そもそも、全道の小中学生と全国の小中学校に配布される副読本の所管官庁が文部科学省ではなく、国土交通省ということにも大きな問題があると思いませんか。拙著《せっちょ》では野放しにされている数ある誤り――もうほとんどウソというべき――の中で決して見逃せないものを選んで訂正し、背後にある恐ろしい思想を紹介します。

本書の副題にはあえて〝チュチェ思想汚染《おせん》〟という言葉を使いましたが、アイヌ団体とその背後にある中国共産党、そして北朝鮮のチュチェ（主体）思想で、日本の子供たちや若者を洗脳《せんのう》するために書かれたものといっても言い過ぎではないほど、副読本はウソによって日本国の尊厳《そんげん》を貶《おとし》め、我々の祖先を辱《はずかし》め、未来を背負って立つ子供たちから自信と勇気、そして希望を奪《うば》う内容になっています。繰り返しますが、教育現場で用いられる副読本が国土交通省のもとで作成され、文部科学省の検定《けんてい》を受けないで児童生徒そして教師に渡《わた》されてよいものでしょうか。

昨年発行した『科学的〝アイヌ先住民族〟否定論』（的場光昭事務所、二〇一九）は、同年四月十九日に成立したアイヌ新法（アイヌの人々の誇《ほこ》りが尊重《そんちょう》される社会を実現するための施策《しさく》の推進《すいしん》に関する法律）に明記された〝先住民族〟が、歴史的・科学的に全く根拠《こんきょ》のないものであること、そしてアイヌを利用する周辺諸国、わけても北朝鮮・韓国、そして中国の、日本国内における反日活動の実態《じったい》を広く国民に知ってもらうことを目的に、大急ぎで書き上げました。

今から十二年前、〝アイヌ先住民族国会決議〟との闘《たたか》いを始めた時は、歴史戦と政治戦の両面作戦でみごとに敗北《はいぼく》しました。

その後、道北を中心に次々と建立《こんりゅう》計画がもちあがった、歴史的に全く根拠のない〝反日石碑〟との闘いを続けているうちに、アイヌ先住民族運動と反日石碑建立の母体がしっかり繋《つな》がっていることに気づきました。その繋がりを丹念《たんねん》に探《さぐ》ってゆくと、チベットやウイグルで他民族を虐殺《ぎゃくさつ》して民族浄化《じょうか》をはかり、香港《ホンコン》で民主主義の危機に立ち向かう若者たちを弾《だん》圧《あつ》し続ける中国共産党に、さらに一方では横田めぐみさんをはじめ多くの日本人を拉致《らち》し自国民を飢餓《きが》で苦しめ、核・ミサイル開発によって日本を脅《おど》し続ける北朝鮮とその日本国内工作機関である朝鮮総聯《そうれん》に行き着きました。

みなさんも新聞などでご存じかと思いますが、中国企業による北海道の土地の爆買《ばくが》い、国会議員の買収で問題になっているＩＲ関連会社などとアイヌ協会の結びつきに注目して、以前から活動しておられる小野寺まさる先生に加え、昨年は北朝鮮の日本国内工作活動に詳しい篠原常一郎《しのはらじょういちろう》先生がこの戦いに参戦してくださり、政治戦に関してはお二人が大活躍中です。

私の使命は歴史戦に専念して、両先生に自信をもってそれを政治戦の根拠の一つとして使っていただけるような資料の発掘と紹介にあると自覚しています。

まず、このようなウソだらけの副読本で教育を受ける小中学生や、これを用いて教育指導をする先生方に、真実を少しでも早くお届けすることが最も急を要すると考えて、手元にある資料と国会図書館その他のアーカイブで公開されている原本に基づいて書き上げました。

いったいどんなウソが書かれているのか、最もわかりやすいウソの一例をまずご覧ください。

写真2は中学生用副読本二二ページ（Ⅴ　近代の政治・社会）に掲載されているものです。写真の説明は「写真Ⅴ―1：江別に強制移住させられた樺太アイヌの人たち」とあります。この写真の出典《しゅってん》を調べようと巻末を見ると、「北海道大学図書館」とだけあり、真偽《しんぎ》の確かめようがありませんでした。

写真3は『新撰北海道史』第一巻（北海道庁、昭和十一年）の一三四ページにあるものです。現代かなづかいに直して読んでみましょう。

「明治八年、樺太《からふと》、千島交換条約後、樺太の土人八百数十人帰化《きか》を望み、開拓史は之《これ》を石狩川沿岸の対雁《ついしかり》に置いて、農業教授所、漁場等を与《あた》え篤《あつ》く之を保護することとした。図はその一集団を表示せるもの」（ルビは著者）となっています。

ここに見られるように「帰化を望み」・「保護」を「強制移住」と言い換えるような大ウソがこの副読本の文章にはあちらこちらに見られます。

私たち日本人は大航海時代《だいこうかい》（十五世紀後半から十六世紀）以後の白人のように、先住民族を虐《ぎゃく》殺《さつ》・差別《さべつ》したような歴史はもちません。中国・北朝鮮そして韓国と手を携《たずさ》えた国内の反日組織は、アイヌを利用してそのような誤った歴史観を子供たち若者たちに植えつけ、日本国民の罪悪感をあおり、自信を喪失させ、それに乗じて彼らの領土的野心および経済的野望を成し遂《と》げようと狙《ねら》っています。

写真V－1：江別に強制移住させられた樺太アイヌの人たち

写真２　中学生用副読本

第三十一圖版　對雁在留樺太土人

一三四

明治八年、樺太、千島交換條約後、樺太の土人八百數十人歸化を望み、開拓使は之を石狩川沿岸の對雁に置いて、農業教授所、漁場等を與へ篤く之を保護することゝした。圖はその一集團を表示せるもの。

写真３　『新撰北海道史』（第一巻）樺太アイヌ

そのことは日本政府に対して「差別された」、「虐殺された」、「強制連行された」……と騒ぎ立てて予算をむしり取ろうとしているアイヌ団体やこれを支援する人々そして政治団体が、差別・虐殺・強制連行を現在進行形で行っている中共や北朝鮮に対して抗議《こうぎ》する様子を見せないという事実をみても明らかでしょう。

かつて、中国によってあれほど宣伝された〝南京大虐殺《なんきんだいぎゃくさつ》〟、そして韓国による〝従軍慰安《じゅうぐんいあん》婦《ふ》〟および〝徴用工《ちょうようこう》〟の強制連行、これらが朝日新聞が正式に誤りを認めたことで、多くの国民に全くのウソであることが広く知れ渡り、日本人わけても若者の間には、かつてないほどの中韓両国人や在日韓国・北朝鮮人への反感が強まっています。

私が最も懸念《けねん》するのは、南京大虐殺や朝鮮人強制連行同様に、過去もそして現在もアイヌ差別などなかったにもかかわらず、アイヌ団体が声高に差別を言い募《つの》り、差別利権を貪《むさぼ》り続ける実態《じったい》が明らかになった時、現在中国や韓国・北朝鮮そして在日朝鮮人へ向けられている反感と同じように、アイヌおよびその関係者に対する反感が増幅《ぞうふく》し、将来においてアイヌ差別が現実のものになりはしないかということなのです。

本書は多くの国民、特にこれからの日本を背負って立つ若い人たちに、同じ日本人であるアイヌ系日本人の正しい歴史を再認識してもらい、自信をもって日本国を未来へ引き継いでほしいという一心で書き上げましたので、前半は小学生にも読んでいただけるようにできるだけわかりやすく、そして必要と思われる漢字には読みがなをつけることにしましたので、ぜひご家族みなさんで読んで議論《ぎろん》や会話のきっかけにしてもらいたいと思います。

＊なおアイヌ副読本はＰＤＦとして公開されておりますので、第三・四・五章はこれと対比しながら読まれるとより一層ウソが理解できると思います。

アイヌ副読本『アイヌ民族：歴史と現在』を斬る◎目次

第三章　ウソ満載！　アイヌ副読本『アイヌ民族：歴史と現在』（小学生用）

第四章　ウソ満載！　アイヌ副読本『アイヌ民族：歴史と現在』（中学生用）

第五章　教師用副読本の問題点

装幀　古村奈々＋Zapping Studio

第一章　副読本を書いた人たち

問題が多い編集・執筆者たち

この章は小学生はお読みにならないで結構です。そのため煩わしい読み仮名はつけておりません。

編集・執筆

小・中学生向け副読本編集委員会

委員長　阿部一司（公益社団法人北海道アイヌ協会副理事長）

副委員長　岡田路明（苫小牧駒澤大学教授）

委員　石黒文紀（元北海道釧路明輝高等学校非常勤講師）

委員　清水裕二（少数民族懇談会会長）

委員　高橋吾一（札幌市立北辰中学校教諭）

委員　中村和之（函館工業高等専門学校教授）

委員　平山裕人（小樽市立高島小学校教諭）

委員　古俣博之（前白老町教育委員会教育長）

委員　横山むつみ（NPO法人知里森舎理事長）

ここでは特に問題が明らかになっている三人について説明します。

1　阿部一司（ユポ）委員長の問題その1

公開されている情報では、一九四六年生まれ、むかわ町出身で現北海道アイヌ協会副理事長です。数々の不正経理問題で前副理事長・理事を辞めた釧路支部の秋辺（成田）得平氏の後を受けて副理事長に就任しています。秋辺氏は北海道アイヌ協会に不正経理問題に関する〝弁明書〟を出しています。その文章を紹介しましょう。

２０１０年３月６日
社団法人北海道アイヌ協会　理事　様
社団法人北海道アイヌ協会理事
　　　　秋辺得平　印
弁明書
　３月６日の理事会に出席できないことをお詫び申し上げます。このたび助成金の不正処理の件について多大なご迷惑をお掛けいたしましたことにも深くお詫び申し上げます。

こうして、2度目の弁明書を提出しますのは、私こと秋辺得平の理事という役員の立場から考えて、ただ単に不祥事をお詫びするだけではなく、全道の会員、多くの同族、そして道民の皆さんに対して大きな責任を取らなければならない、もう一面の重要な問題をぜひ申し上げておきたいと思うからであります。

現在、様々な面で注目を浴びている私たち北海道アイヌ協会の役員と事務方は、それぞれ自らに問うべき問題を洗いざらい出し、多くの諸問題を明確に問うべきだと思います。

私が申し上げることではないかもしれませんが、問題を切り出し、新たな体制で、アイヌとしてだけではなく、道民として、国民として、襟を正す事こそが、今一番必要とされていることなのではないかと、私は考えております。

そのためにも、私が知る限りの以下の問題について解明されるべきだと思います。

①三役級の重役職にある方のご夫婦と身内のご夫婦を含む方々が、通信大学へ入学し、実際なにもしないにも関わらず、8年以上に渡り4000万以上にもおよぶかと思われる修学資金を不正取得し、そして全額減免をうけていたという噂の事実確認。

②道東の町助役がウタリ協会（当時）に会員登録し資格外にも関わらず、ウタリ住宅資金を利用したという噂の事実確認。

③中小企業振興事業の事実上の商行為への□□億円がアイヌ以外の組織に使われている

実態の究明。
④農林漁業対策事業費の実施事業の数十億円という巨額なお金がアイヌ以外の組織に使われている実態の究明。
⑤財団法人アイヌ文化振興・研究推進機構等を利用した、海外交流や工芸品の展示会での不正問題と、当財団とアイヌ協会との癒着問題。

右の弁明書の内容を少し解説します。
①の問題に阿部氏が深くかかわっていることは以前から北海道議会でも指摘されていますが、結局この修学資金は返還されていません。お父さんやお母さんが皆さんを学校や塾に通わせるのにどれだけ苦労しているか想像してみてください。また学校へ子供たちを通わせる父母そしてこの教材を使って子供たちを指導する先生たちも、学校現場に配布される副読本の編集委員長がまさにこの問題の当事者だということをよく知っておいてください。このようなことは許されるべきことではないでしょう。
⑤の財団法人アイヌ文化振興・研究推進機構はこの副読本の旧版を出していた団体です。現在は公益法人アイヌ民族文化財団と名前は変わっていますが、元アイヌ協会副理事長に不正を指摘されているにもかかわらず構成メンバーは交代していません。

2　阿部一司（ユポ）委員長の問題その2

北朝鮮（朝鮮人民民主主義共和国）の創立者金日成の政治思想の根幹はチュチェ（主体）思想といわれています。どのような思想か簡単に要約します。

〝北朝鮮の絶対権力者集団である金一族の下に共産党組織がある。共産党は経済（物質）を中心に社会機構を論じるが、そこに賢明かつ神聖な金一族の強力な指導があってはじめて米帝や日帝の侵略を防ぎ、かつこれを克服し、真の人民が主体となる社会を到来させることができる。〟

というものです。

自国民を餓えさせ、不満を言えば容赦なく惨殺する北朝鮮、そればかりか横田めぐみさんをはじめ八百人以上の日本人を拉致し、いまだに返そうとしない、さらに核開発・弾道ミサイル開発で日本を恫喝する、そんな国を支える思想です。

このチュチェ思想を世界に広めようと平成十七年（二〇〇五）に組織されたのが〝特定非営利活動法人21世紀自主フォーラム〟です。代表は、川越敏良自治労徳島県本部委員長です。その役員に阿部氏が名を連ねています。参考までに現在の役員を紹介します。

世話人副代表―阿部ユポ（阿部一司）、仲里修

世話人―尾上健一、新里正武、谷健治、前海満広、山崎則和、結城久、吉原秀喜

このメンバーには阿部氏の他に平取町アイヌ施策推進課主幹、学芸員である吉原秀喜氏の名前も見られます。このフォーラムの実質的指導者は尾上健一氏です。彼は日本での北朝鮮主体思想拠点である〝チュチェ思想国際研究所〟を昭和四十六年（一九七一）に創立しました。尾上氏は長年にわたる主に日本国内での北朝鮮支援活動の功績が評価され、平成二十九年（二〇一七）には北朝鮮の平壌に招かれ金正日賞を受賞しています。

このような思想的背景の組織に属している人物が学校で使われる副読本の編集を指導しているのです。

ちなみに、二度の訪朝（平成二十六年・同二十八年）の経験をもつ前副理事長の秋辺（成田）得平氏も、一昨年末に千葉県で行われたチュチェ思想の学習会で「アイヌの自主化は日本の自主化、世界の自主化」という講演を行っています。もちろんここでいう自主化とは北朝鮮の金一族に指導される朝鮮労働党に組み入れられるべきだという意味です。

3　石黒文紀委員の問題点

まずは二〇一二年七月二十五日の北海道新聞の記事を紹介します。

アイヌ副読本、全面見直し撤回へ　推進機構

財団法人アイヌ文化振興・研究推進機構（札幌）は24日、小中学生向けのアイヌ民族に関する副読本について、来年度から内容を全面的に見直すとした方針の撤回を固めた。同日開かれた内部委員会で、異論が噴出したため。副読本をめぐっては、内容を一部改変した同機構に執筆者が反発し、改変箇所が戻されるなど混乱が続いている。

24日に同機構で開かれたのは、運営方針を協議する「事業運営委員会」（委員長、加藤忠・北海道アイヌ協会理事長）。

非公開の会合後、取材に応じた同機構の西田俊夫専務理事や出席委員らによると、委員からは「現在の副読本の問題点が明確でなく、あらたな執筆者が1年や2年で作製できるテーマではない」などの指摘が相次いだ。同機構の事務局が委員に十分な説明をしないまま、内容の全面見直しを打ち出したことへの批判も相次いだ。

西田氏は「手続き面で落ち度があった」と陳謝した。副読本見直し方針の撤回は、8月2日の理事会で最終決定する。

私が紹介した数々の問題について、北海道議会自民党議員や有志の方々が改善を財団法人アイヌ文化振興・研究推進機構側に申し入れましたが、結局なんの改善策もとられなかったことを知らせる記事です。

この改善に対する反対の中心メンバーが石黒氏だったのです。しかも彼はテッサ・モーリス＝スズキ（オーストラリア国立大学名誉教授）を札幌に招き講演会を開催して、司会を務めていました。テ氏は慰安婦問題や在日朝鮮人帰還事業で日本を非難している反日外国人学者の一人で、美瑛のニセ人骨ニセ墓穴事件（拙著『反日石碑テロとの闘い』参照）を起こした殿平善彦氏が主導する募金活動の呼びかけ人にもなっています。テ氏は講演でアイヌへの補償や優遇はオーストラリアの原住民アボリジニのようでなければならないとの見解を示していま す。アボリジニは一九〇〇年代中頃まで白人には人間とすら認められず狩猟の対象にすらされた人たちです。

黒田氏は自身のブログで、「危惧していた全面見直し方針が撤回と決まれば、まずはひと安心です」とコメントしています。間違いが正されないことに安心だなどというのは元教育者として恥ずべきことでしょう。

4　平山裕人委員の問題点

平山裕人氏の『アイヌ史の世界へ―アイヌ史の夢を追う―』（二〇〇九）のコシャマインの乱の記載を紹介します。

1456年、アイヌの少年がシノリ（函館市）の鍛冶屋《かじ》（日本人）のところに行って、マキリ（短刀）を作ってもらいました。そこで値段が高い安い、切れ味がよい悪いと言い争いになりました。そこで鍛冶屋はアイヌの少年を刺し殺してしまいました。これが原因になって、アイヌの怒りが高まり、コシャマインの戦いと呼ばれる、大戦争になりました。

これまでの拙著で何度も触れましたが、「アイヌの少年」は明らかに誤りです。何の反省もなく新しい副読本にも同じように「少年」としています。

また、樺太アイヌについては次のように書いています。

開拓使は「北海道開拓」という国策、つまり農耕を強制したかったのです。しかし、サハリンアイヌの意志は、漁業をしたいということです。開拓使は、妥協案として、石狩・厚田の漁業をひとまず認めることにしました。しかし、これはウソっぱちもいいところ、実際にはだまして対雁に連行しました。

実態は、移住から三年間の食糧の保証（一人当たり年間教員年俸と同額以上）、住宅建築費（一戸当たり教員年俸の五倍以上）、石狩・厚田の漁場を八千四百円（教員年俸の八百四十倍）で買い与えたのです。これがどうして「ウソっぱち」なのでしょうか。

そのほかにも問題のある委員はおりますが、細かい話になりますので紙幅の関係もありこの程度にしておきましょう。

第二章　副読本のウソを見抜くための基礎知識

1　概説

副読本だけではなく、みなさんが目にするアイヌに関する新聞記事や博物館・資料館の展示などについて、ウソを見抜くために必要な説明と知識の紹介です。

〝はじめに〟で紹介した樺太アイヌの写真のように、極《きわ》めて具体的な資料と説明であるにもかかわらず、出典《しゅってん》がぼかされているものは要注意、というよりは殆《ほとん》どウソと考えてよいでしょう。

アイヌ問題に関して、最近になって「差別」「貧困」「権利の侵害」など〝被害者〟の声として掲載《けいさい》されているものは、同じ問題を国や北海道そして市町村の行政機関がどのように法律や条例に記載《きさい》しているのかを確かめることが大切です。逆に行政機関が定めた法律や条例を、その当時のアイヌの人たちがどのように受け止めていたのかを確かめることも欠かせません。

法律や条例は比較的簡単に検索《けんさく》できます。アイヌの人たちの立場から書かれたものは、アイヌブームもあって最近になって数多く出版されていますが、よく検討してみると実際の歴史とはおおきく異なる、あるいは先に紹介した樺太アイヌの写真のように全く逆の説明がされているものも数多くあります。したがって皆さんにお勧《すす》めしたいのは、当時のアイヌの人々やアイヌの人々に共感を寄せる人たちが、どのような記録を残しているかを確かめることです。

明治―大正―昭和を生き抜いたアイヌ女性砂沢クラさんの『クスクップ オルシペ　私の一代の話』（北海道新聞社、一九八三、再版本ではなくて北海道新聞社が出した原本を図書館などで確認してください）、旭川人権擁護委員会『コタンの痕跡』（一九七一）、私の小学校の恩師でアイヌ出身の三好文夫先生の『アイヌの歴史』（一九七三）、北海道アイヌ協会副会長・十勝アイヌ協会長・幕別町農業会理事長・幕別町長議会議員・北海道アイヌ文化保存協会長など数々の公職を務めた吉田菊太郎氏の『アイヌ文化史』（一九五八）そして北海道ウタリ協会（現北海道アイヌ協会）がまとめた大著『アイヌ史』などが非常に参考になります。

各市町村が出している市町村史の古いものにはアイヌの記載もありますので、参考になります。

また、第三者的立場で外国人が書いた本はキリスト教的世界観・価値観で書かれてはいますが、概《おおむ》ね客観的に当時のアイヌの生活や、和人とアイヌの関係をよく伝えています。最も手に入りやすいのは明治初期に北海道を探検《たんけん》した英国人女性イザベラ・バードの『日本奥地紀行』（平凡社）、古いものでは江戸初期北海道で布教活動を行ったカソリック神父H・チースリクがローマ法王庁へ送った報告書『北方探検記』（吉川弘文館）、東インド会社の命を受けて北海道を探検したM・G・フリース『一六四三年アイヌ社会探訪記』（有斐閣）、またロシア人の書いたものとしてはチェーホフの『サハリン島』（岩波文庫）、ゴロウニンの『日本幽囚記』（同）などが手ごろです。

江戸期の探検家の文章や絵はとても参考になりますが、普通にはなかなか手に取って読んだり見たりすることができませんので、本文の中で必要と思われるものを紹介するにとどめます。

2　北海道の時代年表

皆さんは北海道と本州の時代区分が多少異なることをご存じでしょうか。図1は北海道教育委員会が公表している〝北海道史年表〟です。

本州の時代区分と北海道の時代区分に多少のずれがあります。本州に稲作が発達した弥生《やよい》時代に少し遅れて、気候の制約で稲作が不可能な北海道では続縄文《しょくじょうもん》時代が始まります。続縄文時代から擦文《さつもん》時代にかけて、道北の沿岸《えんがん》地域やオホーツク海沿岸にはオホーツク文化が栄えました。十三世紀、本州では鎌倉《かまくら》時代になって北海道はアイヌ文化期に入りますが、擦文の古墳《こふん》文化など和人文化の影響《えいきょう》が途絶《とだ》えていたわけではありません。

アイヌは古い人骨ＤＮＡの分析でシベリア―樺太―オホーツク方面の人たちと深い繋がりがあることがわかっています。

余談ですが二年ほど前、現代アイヌ男子のＤＮＡ分析でアイヌこそは縄文人の直接の子孫

北海道史年表

本州の時代区分	年代（西暦）	北海道の時代区分		北海道に関する主なできごと
旧石器時代	BC20,000	旧石器時代		・北海道に人が住みはじめる ・細石刃が使われる
縄文時代	BC10,000 BC6,000			・有舌尖頭器が作られる ・弓矢が使われはじめる
		縄文時代	早期	・竪穴住居が作られる ・貝殻文土器が使われる ・石刃鏃が作られる
	BC4,000		前期	・気候が温暖化、縄文海進はじまる ・各地に貝塚が残される ・東北・道南に円筒土器文化発達
	BC3,000		中期	・漆の利用がはじまる ・大きなヒスイが装飾に使われる
	BC2,000		後期	・環壕集落が現れる ・ストーンサークルが作られる ・周堤墓が作られる
	BC1,000		晩期	・東日本に亀ヶ岡文化が栄える
弥生時代	BC 300 0	続縄文時代		・コハクのネックレスが流行する ・金属器が伝えられる ・南海産の貝輪がもたらされる
古墳時代	400			・北海道の文化が本州へ南下する ・洞窟に岩壁画が彫られる
	600		オホーツク文化期	・オホーツク文化が樺太から南下する
飛鳥時代		擦文時代		・阿倍比羅夫が北征する
奈良時代				・カマド付の竪穴住居に住む
平安時代	800			・北海道式古墳が作られる ・蕨手刀や帯金具が伝えられる
鎌倉時代	1,200 1,300	中世	アイヌ文化期	・道南で平地住居が作られる ・土器のかわりに鉄鍋が使われる ・蝦夷から津軽へ往来、交易する ・『諏訪大明神絵詞』成る
室町時代				・道南に館が作られる ・道南でアイヌと和人が争う
江戸時代	1,600	近世		・チャシ(砦)が作られる ・松前氏が蝦夷地の交易権を確立 ・日高地方でアイヌと和人が争う ・国後・根室でアイヌと和人が争う ・伊能忠敬が蝦夷地を測量する
明治時代 大正時代 昭和時代 平成時代	1,900	近代 現代		

図１　北海道史年表

である、日本の先住民族であると大いに宣伝されましたが、私が中世から近世そして近代に大量の和人男子が北海道へ押し寄せ、そこでアイヌ女性との間に多くの子孫を残したという歴史的事実を明らかにしてからは、DNA分析をしてこの結論を出した分子生物学者はもちろん、アイヌ関係者やこれを支援《しえん》する〝対レイシスト行動集団（通称CRAC：多くのメンバーが内部リンチ事件を起こした「しばき隊」の構成員のためこの後継《こうけい》団体という立場の人もある）〟に参加していた大学の先生たちも沈黙《ちんもく》してしまいました。

民族文化の最も重要なものは宗教性と言語、そして住居です。

まず住居をみると、擦文文化人やオホーツク文化人は地面を深く掘り下げた竪穴式住居に竈《かまど》ですが、アイヌ文化では掘立柱《ほったてはしら》建物といって柱を立て笹《ささ》や茅《かや》で屋根や壁《かべ》を作り囲炉裏《いろり》を囲む生活です。

特に考古学で最も重要視されているのがお墓の作り方です。そこには生き残った人たちの、亡くなった人たちが築《きず》き上げた社会の継承《けいしょう》と再生への誓《ちか》いを読み取ることができるからです。また、お墓に埋葬された人や埋葬する人々の信仰・儀礼だけではなく集団の大きさや技術レベル、さらには交易の広がりと社会的繋がりまで知ることができるのです。したがって、都市化の進んだ現代は別として、お墓の作り方（墓制《ぼせい》）が全く継承されないということは、集団文化の断絶を意味します。アイヌの葬礼や墓制はオホーツク文化人や擦文文化人のものとは似ても似つかぬ全く異なったものです。つまりアイヌはこれらの人びとの後から来て、徹底的《てっていてき》にその社会制度や宗教性を否定して、自分たちの文化を押《お》しつけたということなのです。

３　日本の歴史に現れる北海道

古い時代の北海道について確実に文字に記録されているもののいくつかを紹介しましょう。

斉明《さいめい》天皇の四年（六五八）　安倍比羅夫《あべのひらふ》が北海道に遠征《えんせい》して翌年には行政府を現在の後志に置きました。

延暦《えんりゃく》二十一年（八〇二）　北海道の蝦夷《えみし》（擦文文化人と考えられる）が京都まで来てヒグマの毛皮を上納しました。

天長《てんちょう》三年（八二六）　伊達《だて》市の善光《ぜんこう》寺の開基は、慈覚大師《じかくだいし》が自ら彫《ほ》った本尊《ほんぞん》阿弥陀如来《あみだにょらい》を安置《あんち》したことによると伝えられ、慶長《けいちょう》十八（一六一三）年に再興《さいこう》されたものです。

保延《ほうえん》元年（一一三五）　函館の船魂《ふなたま》神社は平安時代の開基です。

文治五年（一一八九）　源頼朝《みなもとよりとも》に追われた奥州藤原氏泰衡《やすひら》の部下が北海道に逃れ、安東氏が管領《かんれい》（代官）となりました。

元久二年（一二〇五）甲斐（山梨県）の領主荒木大学が千人ほどを引き連れ砂金掘りを始めたという記録があります。

文応元年（一二六〇）知内《しりうち》町の雷公神社（雨石社）は、一説には天養元年（一一四四）の建立とされています。

永仁四年（一二九六）日蓮上人《にちれんしょうにん》の高弟日持《にちじ》上人が函館・松前・江差・樺太で布教しました。

アイヌ以前にも多くの和人と北海道との関りが記録されていることに驚《おどろ》かれたことでしょう。ここで確認しておきたいことは、神社やお寺は一人の力で建立《こんりゅう》できるものではありません。それを支える多くの氏子《うじこ》や信者《しんじゃ》がいたからこそ建《た》てることができ、さらにこうして記録が残っているのです。

こうしたアイヌ文化以前の和人の痕跡《こんせき》は文字だけではありません。

写真4はオホーツクミュージアムえさしに展示されているオホーツク文化人の遺跡《いせき》から発見された蕨手刀《わらびてとう》です。同じものが江別の擦文文化人遺跡その他道内各地で発見されています。蕨手刀は正倉院御物《しょうそういんぎょぶつ》に似たものがみられ、これは各地の有力者に贈られた威信財《いしんざい》（高い地位を示す印）と言われています。写真5は平成三十年（二〇一八）に枝幸高校の生徒が発見した刀とその装具です。これも正倉院御物にみられる文様《もんよう》と類似《るいじ》していることです。こちらの展示は調査が完了した令和二年（二〇二〇）十月頃になるということですので皆さんもぜひ見学されることをお勧《すす》めします。

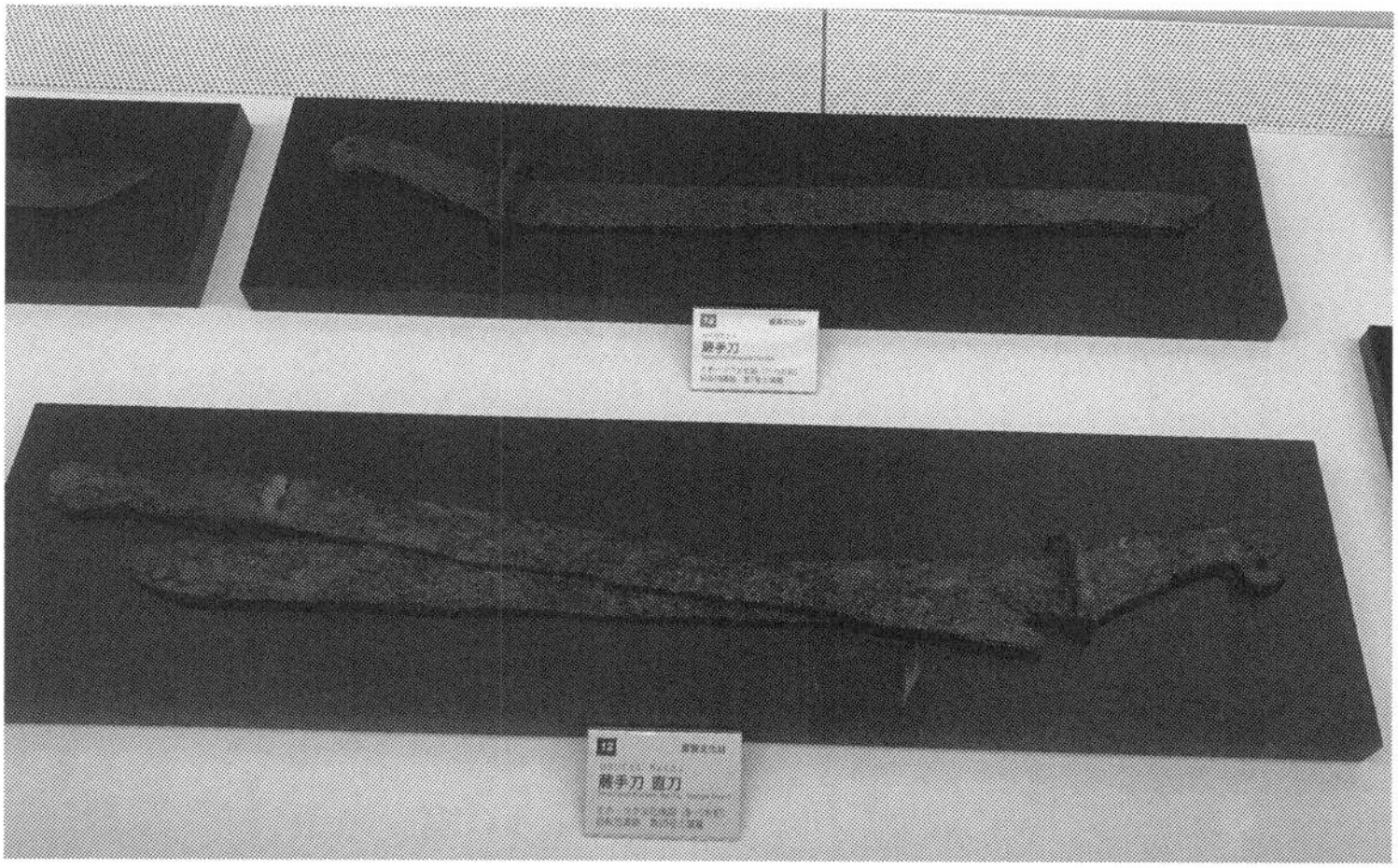

写真４　蕨手刀

30年）10月4日（木曜日）　北海道新聞（夕刊）

金色の刀 輝く大発見

枝幸高生2人「びっくり」

【枝幸】オホーツク文化期（5～9世紀）の宗谷管内枝幸町北部の目梨泊遺跡で、金で覆われ、文様が刻まれた刀装具と刀が発掘された。同文化期の道内の遺跡からは刀剣類が約40本見つかっているが、北海道博物館（札幌）の右代啓視学芸主幹は「9世紀以前の道内で、金と文様で装飾された刀の出土例はなく、大変貴重」と話す。見つけたのは調査に参加した枝幸高生で、思わぬ“お宝”に驚いている。（米戸）

オホーツク文化はサハリン南部から北海道北部・東部、千島列島にかけて存在した海洋狩猟民の生活様式。国の重要文化財3119点を含む遺物約2万点が出土している目梨泊遺跡を、今年8月に枝幸町教委と札幌大の共同発掘チーム、枝幸高生2人が調査し、発見した。

出土品は直刀（54センチ）と小刀（35センチ）、直刀のさや（木製）に付いていた「足金具」と呼ばれる刀を帯から提げるための銅製の留め金2個。直刀の「つば」（銅製）と足金具の1個は、いずれも金で覆われ花の文様が彫刻されていた。

5～9世紀の目梨泊遺跡

道内初、金と文様

町教委などによると、刀と刀装具は文様などから8～9世紀ごろに製作され、本州との交易品である可能性が高い。生産地などは不明だが、刀装具の文様は、高度な技術を用いて製作されており、東大寺正倉院の宝物などに見られる文様と類似しているという。

札幌学院大人文学部の臼杵勲教授は「当時の奈良、平安時代でも」全国的に見ても出土例が少ない貴重な刀だ。本州にとって、道内のオホーツク文化集団の中でも、枝幸の集団が重要な存在だったことを物語っている」と指摘する。

刀と刀装具を発見したのは枝幸高2年生で、地元の自然や歴史を学んでいる総合文化研究部の広田敦麻部長（17）と黒木雄登副部長（17）。5月から町郷土資料館「オホーツクミュージアムえさし」（枝幸町三笠町）で、オホーツク文化を学びながら準備を進め、初めての発掘に臨んだ。広田部長は「シャベルで掘っていたらカンカン鳴ったので、陶磁器かと思ったが、まさか刀の金具とはびっくり」。黒木副部長も「最初は刀と思わず土器の表面かなと思った。貴重な

花の文様が彫刻されている「足金

われている直刀（上）とさやの「足

）と小刀（いずれも大島拓人撮影）

目梨泊遺跡で見つけた刀や刀装具を指さす広田君（右）と黒木君

写真５　オホーツク文化人

写真6　厚真町常滑焼壺

写真6で私が持っているのは厚真《あつま》町で出土した常滑焼壺《とこなめやきつぼ》です。愛知県常滑市まで送り鑑定《かんてい》してもらった結果では、約八百六十年前に製作されており、奥州藤原氏《おうしゅうふじわら》の仏教布教による国内統治《とうち》を目的として奥州各地に造営された経塚《きょうづか》に用いられる壺と同種ということでした。この頃《ころ》すでに厚真町は奥州藤原氏の影響下にあったこと、そして北海道に仏教が伝来したのは遅《おそ》くとも一一五〇年頃ということになります。これはアイヌの来る百年ほど前のことでした。経塚はお経を壺に入れて埋めてその上に塚を建てて仏教信仰の中心とするものです。文献では何人もの僧侶や貴族が参列《さんれつ》してその建立を祝う儀式が記録されています。このころすでに厚真町では多くの仏教徒やそれを指導する僧侶がいたという証拠《しょうこ》の一つでしょう。

4　各地の博物館を巡ってみよう

私は北海道各地の博物館《はくぶつかん》や資料館《しりょうかん》を訪《たず》ねることを大きな楽しみとしています。
数年前、久しぶりに北海道博物館を見学して、そのアイヌ関連展示の多さに驚きました。以前はもっと多かった北海道開拓の展示は、隅《すみ》に追いやられてしまったという状態です。しかも、展示されている資料に対する説明が矛盾《むじゅん》していたり、明らかに誤りであったりするものが、アイヌと開拓の歴史や戦後の展示に特に多いことは問題だと思いました。はっきり言うと、平成二十年（二〇〇八）〝アイヌ先住民族国会決議〟（正式には〝アイヌ民族を先住民族とすることを求める決議〟）によって、考古学的発見や古文献の研究成果、そしてそれまで先人が苦労して開拓してきた北海道の歴史を全否定《ひてい》して、大航海時代《だいこうかいじだい》以降白人がアフリカ・アメリカ・アジア・オーストラリアで行った虐殺《ぎゃくさつ》や奴隷制度《どれいせいど》と同じように、アイヌへの差別《さべつ》・弾圧《だんあつ》の歴史に塗《ぬ》り替《か》えようとしているのです。

地元の旭川市博物館も最近になって見学しましたが、北海道博物館同様で歴史を無視した矛盾《むじゅん》だらけの展示で、愕然《がくぜん》とさせられました。この二つの博物館は考古学的に確立された北海道の時代区分を辛《かろ》うじて否定はしませんが、これを無視して縄文人とアイヌを直結させようとばかりに、見苦しいほどの考古学および歴史の歪曲《わいきょく》展示をしています。

その点、地方の博物館や資料館は豊富な発掘資料をもとに科学的な北海道の時代区分を展示し、安心して見学することができます。しかし、北海道アイヌ協会には、同会が主張する歴史と矛盾する大切な資料や出土品を保存している地方の博物館や資料館の館長や学芸員を協会の役員に取り込んで、やがて意に沿《そ》わない展示をさせないようにする動きも見えかくれしており、今後注意が必要です。

特に平取町《びらとりちょう》の二風谷《にぶたに》アイヌ文化博物館には吉原秀喜《よしはらひでき》学芸員・町教育委員会文化財課主幹《しゅかん》という方がおられます。この方は横田めぐみさんをはじめとする八百名以上の日本人を拉致《らち》しいまだに返そうとしない北朝鮮の政治思想を宣伝《せんでん》するために作られた日本国内の組織である〝21世紀自主フォーラム〟の役員（世話人）をつとめているという、非常に特殊《とくしゅ》な考え方をもった人だということを知っておく必要があります。ちなみに、本副読本の編集委員長で現在の北海道アイヌ協会副理事長の阿部一司《かずし》（ユポ）氏も同メンバーで、こちらは世話人副代表というナンバー2の重職を担《にな》っていることを先に指摘しましたが注目しておくべきです。

5. 貨幣文化と言語文化

アイヌが江戸期から明治中期にかけて、文明社会の基本となる貨幣経済《かへいけいざい》にうまく適応《てきおう》できなかった最大の理由は、文字をもたない文化であったことだと私は考えています。

言葉、特に文字と貨幣経済については経済学者の西部邁《にしべすすむ》氏がその著書の中で詳《くわ》しく述べておられますが、ここでは要約《ようやく》してわかりやすく説明することにしましょう。

言葉の重要な機能には、①表現②意思伝達《でんたつ》③記憶・約束④共通言語という四つが挙《あ》げられます。そしてこれは貨幣の機能にも当てはめることが可能です。その①表現は表現的機能として貨幣では支払い機能に、以下②は伝達的機能として貨幣の流通機能、③は蓄積《ちくせき》的機能として貯蔵《ちょぞう》機能、④は尺度的機能として標準化機能に対応させることができます（図２）。そしてこの機能は文字によってより確固《かっこ》としたものになります。文字をもたないということは、貨幣がもつ表現的・伝達的・蓄積的・尺度的というそれぞれの機能を理解できない、もしくは信ずることが十分にできないということなのです。私たちが教育によって言葉、とりわけ文字を学ぶということには、こうした一面もあるということの理解が必要です。明治政府がアイヌに貨幣の価値を教えようとしてもなかなかうまくいかなかったという苦労話が伝えられていますが、その大きな原因は文字をもたないというアイヌの言語文化にもあったのです。

明治政府がアイヌの子供たちに文字を教え文明に導《みちび》こうとしたことを、〝アイヌ文化を奪《うば》った、アイヌ語を奪った〟と批判する内容がこの副読本にも書かれていますが、アイヌを文明から取《と》り残《のこ》されたままにしておけというに等《ひと》しい愚《おろ》かなそして誤《あやま》った、もっと言えばそれこそ差別的な記述《きじゅつ》といえましょう。そのことは皆さん自身が文字を全く理解できない現

言葉（文字）と貨幣

言葉（文字）		機能		貨幣
表現	＝	表現的	＝	支払い機能
意思伝達	＝	伝達的	＝	流通機能
記憶・約束	＝	蓄積的	＝	貯蔵機能
共通言語	＝	尺度的	＝	標準化機能

図２　言葉と貨幣の機能

在を想像すればすぐにわかることでしょう。

6. 史実から逃げ回る先住民族論

今から十二年ほど前、アイヌ先住民族国会決議が出されたころ、民族の定義《ていぎ》についてネット上で私を盛《さか》んに批判する自称《じしょう》大学の研究者がありました。お若い研究者ということですので、非礼を通り越して浅ましいほどに無礼な言い掛《が》かりに対しても、私は大目に見て可能な限り礼を尽くして回答していました。

アイヌ民族ということで様々な税金で賄《まかな》われる政策的優遇措置《ゆうぐうそち》（運転免許取得・職業訓練・就《しゅう》学《がく》資金・住宅建築等々）を受けている現状を考えれば、この国会決議によってさらにその優遇措置が拡大される可能性があります（昨年の新法によって現実のものとなりました）。その前にアイヌ民族の定義をしっかりと定めてほしい、そして彼らがその優遇措置の根拠を先住民族だというのであれば先住民族の定義についても明らかにしてほしいという、普通の納税者として当然の思いから始まった議論でした。

一般に、民族の定義として用いられるのは、言語・宗教・土地との関係・社会組織・共有される価値観や伝統文化・生物学的な人種という六つの客観的《きゃっかんてき》基準《きじゅん》によって決められる客観的民族の定義です。

しかし、これに対して

①共通の伝統や共通の価値意識。

②共通の歴史あるいは共通の祖先を自分たちの集団がもっているという認識。

③自分たちの内部でもっているというよりは、外から一定の地位を強制され、あるいは一定の地位に押しこめられた集団がもつアイデンティティーの意識。

という〝意識〟や〝認識〟を重視した主観的民族の定義をもとに私への批判反論を展開したこの研究者は、私が指摘する問題について答えられず、ついには

現代の学問的潮流《ちょうりゅう》では、「民族は客観的には定義できない」というのが定説である。

という学説までもち出す始末です。

私がまず論じたのは、アイヌ系日本人は国会決議が踏まえるとしている国連宣言にいう先住民族ではないということであり、さらに有識者懇談会《こんだんかい》の定義にすら当てはまらないということを歴史的事実を提示して客観的に実証しただけです。

確かに先に示した三つの意識や認識をもって、自分は○○民族だ、あるいは△△民族だと意識するのは個人や集団の自由であり、声がかれるまで歌い続けようと、日長一日踊《おど》りに興《きょう》じていようと、あるいはいい加減なアイヌ語を継承《けいしょう》しようと、異議を申し立てる筋合いのも

のではありません。アイヌ系日本人が国家や地方自治体に税金から出費を求めないというのであれば、この主観的民族の定義で大いに仲間を増やし、アイヌ民族党だろうがアイヌ学会だろうが何でも作って選挙に出るのも結構ですが、国家や地方自治体に政策的配慮《はいりょ》を求めるのであれば、つまり税金からの出費を求めるのであれば、やはり何らかの客観的事実によって〝アイヌ民族〟としての範疇《はんちゅう》を定めなければなりません。

そもそも、この主観的民族論を唱《とな》える人々は「現代の学問的潮流では、民族は客観的には定義できないというのが定説である」などと言って、的場は学問的ではないと、私を論破《ろんぱ》したつもりのようですが、「本を読みすぎてバカになる」とはまさにこのことです。

ご一緒にじっくり見てみましょう。先ず、

現代の学問的潮流では、「民族は客観的には定義できない」というのが定説である。

ということは、

現代の学問的潮流では、「民族の客観的定義」には定説がない。

ということですね。ここまでよろしいですね、読者ご自身で確認してください。

そうすると、結局は

「民族の客観的定義」には現代の学問的潮流などない。

といっていることになりませんか。

つまりこのお若い研究者は、民族の客観的定義には現代の学問的潮流などないと自分でいいながら、私の定義を「現代の学問的潮流」をもち出して学問的に批判するという、学問的潮流がないにもかかわらず私の意見を学問的でないと批判するという、混乱状態に陥っているのです。この程度のお粗末な研究者でも、アイヌが研究テーマならば大学で研究費をもらって食っていけるのです。

私は民族学の専門家でも研究者でもないので、それこそ「現代の学問的潮流」がどのようになっているのか知りませんが、年の功《こう》でしょうが、この研究者が私への批判の根底とする定説の矛盾《むじゅん》をはっきりと指摘することができます。

これは本書を読んでくださる小学生高学年から中学生にも、十分に理解が可能な議論だと思います。ちなみに、この研究者は私のこの反論に一切答えることをせず、捨《す》て台詞《ぜりふ》を残して去ってゆきましたが、相手がお若い研究者であっただけに、この悔《くや》しさをバネに大成《たいせい》されることを願っています。

私はインターネット辞書ウィキペディア（Wikipedia）を時々みます。皆さんに注意させていただきますが、ウィキペディアの内容は誰《だれ》でも書き込み編集《へんしゅう》が可能なので注意が必要です。現に私がアイヌの歴史について根拠《こんきょ》となる参考文献《さんこうぶんけん》を添《そ》えて記載《きさい》した内容も、しばらくして見るとアイヌ団体の意に沿《そ》うようにすっかり書き換《か》えられていました。

ちなみに、民族に関するウィキペディアの今の記載を紹介しておきましょう。

民族 ethnic group

一定の文化的特徴を基準として他と区別される共同体。土地、血縁関係、言語の共有、宗教、伝承、社会組織などがその基準となる。

普遍的な客観的基準を設けても概念内容と一致しない場合が多いことから、むしろある民族概念への帰属意識という主観的基準が客観的基準であるとされることもある。（令和二年三月五日現在）

前半部分は以前からある客観的基準ですが、後半につけ加えられた文章を皆さんはどう思われますか？

「主観的基準が客観的基準である」というのですが、私はこれに対して〝千人の主観的基準を集めても主観的基準は主観的基準であり、一人の客観的基準に勝つことはできない〟と反論しておきましょう。

そして、よりわかりやすく、もう一言つけ加えておいたほうがよいかもしれません。

〝主観的基準を客観的基準にすり替えようとする思想を全体主義・共産主義という〟と。つまり主観的民族論を主張する団体は、全体主義・共産主義思想に汚染されているという危険性が非常に高いということです。例えば、自由と民主主義を求める世界の潮流に反して、共産党という政治組織が日本にはまだ存在します。共産主義は十八世紀に出たドイツのマルクスという一人の思いつき（主観）によって広められ、これに反対する人々を世界中で一億三千万人も殺したという政治思想です。共産主義国家や社会主義国家ではこのマルクスの思想こそが客観的基準として信奉され続けてきました。しかし、情報通信が発達した現在、そのようなことを信じる者は、中国や北朝鮮にすらいないのではないでしょうか。

私にアイヌの先住民族性を科学的・歴史的に否定された彼らは、最近になって次々と〝先住民族の〟の定義を変えて逃げ回っています。

①〝アイヌは縄文時代から連続して今に至るのだからその意味でも先住民族なのは間違いない。〟

②〝先住民族か否かは近代国家成立時の話であって、縄文時代の話でない。〟

③〝先住民族とは近代国家成立時に不利な立場に置かれ、周縁化《しゅうえんか》された（端に押しやられた）存在であり、アイヌ民族はこれに該当する。〟

二年ほど前には、現代アイヌ男性のDNA分析によって①が大変もてはやされ多くの雑誌に掲載《けいさい》されましたが、江戸初期に北海道のゴールドラッシュでアイヌ人口の四倍以上の和人の男たちの移住があり、幕末から明治初期の和人の男たちの大量移民を私が歴史的献に基づいて、現代アイヌの男性のDNA分析はアイヌと縄文人を結びつける証拠にはならないと反論したところ、現在では元々この説を出したDNA分析学者すら主張することがなくなりました。

②の近代国家成立時に先住民族を限定するとなると、大航海時代（十五世紀後半から十六世紀）の白人に虐《しいた》げられた人たちは先住民族ではないということになってしまいます。さらに私もそうですが、明治維新で故郷を追われた人たちは皆先住民族になってしまいます。

③はというと、日本に近代国家が成立した明治以降、道内在住のアイヌ系日本人だけではなく、遠く千島や樺太からも、多くの日本人同様に平民として受け入れられました。周縁化とは全く逆に、同化政策を受けて清潔《せいけつ》で文化的な生活を保障され、子供たちは義務教育に組み入れられました。

アイヌは土人学校（アイヌを特別に教育するための小学校）に入れられて差別されたという指摘がありますが、『北海道教育史』によると、その一番の原因はアイヌは朝起きが苦手のため和人の学校の始業《しぎょう》時間に間に合わないこと、和人のように家庭教育が行き届かないために特別な教育が必要だったことがあげられています。つまり、アイヌの親たちの習慣を急に変えられないために、子供たちが犠牲になったのです。そしてアイヌの親たちは、家で子守《こもり》や家事に従事《じゅうじ》させるために子供を学校へ出したがらず、国は子供を入学させた親に、子供一人につき日当を出してまでアイヌ子弟の教育に努《つと》めたのです。

こうした日本政府の一切の恩恵《おんけい》を無視して、周縁化された民族だといってみても、まともな日本人は誰も納得《なっとく》しないことでしょう。

7. アイヌの定義

私がアイヌ先住民族国会決議平成二十年（二〇〇八）に北海道ウタリ協会（現アイヌ協会）事務局長に直接電話で確認したアイヌの定義は、「アイヌの血を引くと確認された者、およびその家族・配偶者《はいぐうしゃ》・子孫がアイヌである。また養子縁組《ようしえんぐみ》などでアイヌの家族になった者も含まれるが、これは本人一代限りにおいてアイヌと認め同協会への入会が認められる」というもので、先に示した客観的民族にも主観的民族にも当てはまらない、実にあいまいなものでした。この定義は現在の公益社団法人《こうえきしゃだんほうじん》北海道アイヌ協会にも引き継がれているのです。

なぜアイヌの定義にこのような混乱が生じているかというと、最初にウソが行われたからにほかなりません。ウソを隠そうとしてまたウソを重ねる、そのウソを指摘されるとまたウソで逃げ回った結果が、このようなお粗末な結果になったのです。しかも、わずか三千人足らずの組織に毎年五十億円以上の税金が投入される公益社団法人なのです。

つまり、存在しないものをお金欲しさに定義して存在させようとしたために、このような結果を招いたのです。

普通に考えればおわかりいただけると思いますが、現代のような移動手段もない時代に、北海道・樺太・そして千島列島という南北東西それぞれ千キロを超え、しかも海を隔てた広大な地域にアイヌ民族という一つの民族があるはずがありません。同じ縮尺《しゅくしゃく》で多民族がひしめく東南アジアに当てはめれば一目瞭然《いちもくりょうぜん》でしょう。また、言語も大きく八種類に分類され、北海道内では多くの古戦場もあり、アイヌ伝承のユーカラにも私の故郷愛別町が十勝アイヌと石狩（上川）アイヌの戦場になったとうたわれています。

江戸時代、シャクシャインの乱から九十年後の一七五八年になっても部族間の戦いは見られ、根室地方（ノシャップ）の酋長シクフとその子カスンテら多数が宗谷のアイヌ六十人余を殺害し、二百人余を負傷させたという記録が残っています。

北海道ウタリ協会（現北海道アイヌ協会）と旭川のアイヌ団体である旭川アイヌ協議会が事あるごとに対立してきたことは、少しアイヌ政策史を調べればわかりますし、さらにこの上川でも明治初期まで部族はさらに三集団に分かれて、戦後になっても二部族が事あるごとに対立していました。

このようにアイヌを文化的・社会的にまとまった一つの集団とみることは、その歴史をみれば全くの誤りであることがわかるはずです。したがって、よほどのウソを交えないかぎり、アイヌ民族というものを定義することなどできないのです。

また、養子になったものは本人一代限りにおいてアイヌと認める、とありますが江戸期から昭和にいたるまで、アイヌは盛んに和人の養子を求めて取り入れました。特に富裕な酋長の家系は子が無い場合は、貧しい和人から子供を、現在の価値にして二百五十万円から六百万円という高額で買い取り養子としたことが昭和初期の文献に見られます。

とにかく、江戸時代からアイヌの血を嫌ったのはアイヌでした。アイヌ青年の姉が十勝のアイヌ男性と結婚した時、唇に立派な刺青《いれずみ》をした義理の祖母が、自分の孫が和人ではなくアイヌの嫁をもらったことを情けないと当人の前で嘆いた、といいます（藤本英夫著『知里真志保の生涯』）。

8．実際のアイヌが見た北海道開拓

アイヌ団体がこのように反日的集団になったのはいつ頃なのか、主にアイヌの立場から書かれた文献をさかのぼってみると昭和四十年代（一九六五～一九七四）中頃以降ということができます。この頃はアイヌ団体が出した出版物でも日本政府政策の実務にあった役人に対する〝感謝の表明〟や〝高い評価〟も多くみられますが、特に昭和五十年代（一九七五～一九八四）以降になると一転して、〝差別〟されてきた〝虐《しいた》げられた〟などという文言に満《み》ち溢《あふ》れたものが多くなってきます。

大きな理由がいくつか考えられます。

中国や朝鮮半島そして日本国内の朝鮮総連をはじめとする反日勢力が、日本の戦前について現在やかましく言われている〝南京大虐殺〟・〝従軍慰安婦強制連行〟・〝徴用工強制連行強制労働〟について全くといってよいほど言及していなかったのは、戦前の満洲や朝鮮半島についてよく知っている日本人、わけても官僚や政治家たちが現役であったためにウソが通用しないことをよく知っていたからです。

しかし、そうした世代が徐々に引退して発言力がなくなるのを待っていたとばかりに、中国や北朝鮮の支援を受けた国内の反日勢力が、史実を曲げて日本人を貶め、日本国から金をむしり取ることに成功しました。日中国交回復の際に約束された戦後賠償の名目での毎年三千億円にも及ぶ中国への政府開発援助（ＯＤＡ：その五％は主に政府関係者にキックバックされたという）や、在日韓国人および朝鮮人に対する数々の優遇措置を見たアイヌ団体は、彼らと結びついてその手法である歴史捏造《ねつぞう》を真似《まね》て、自分たちもさらに多くの優遇措置を要求するようになったのです。

明治から大正・昭和の前半のアイヌの側から書かれた文献には、ケプロンが見たように和人による道路建設をアイヌが歓迎していたことや、手厚い保護でアイヌたちが堕落《だらく》してゆくのをアイヌの同胞《どうほう》が嘆《なげ》くもの、アイヌを指導する和人をコシャマインにたとえて讃《たた》えるもの、さらには全道のアイヌを指導してアイヌ協会を設立した和人をアイヌ協会の会長にした事実などがいくらでもあります。

そうした事実を少しずつ紹介しながら、この副読本のウソを明らかにしてゆきます。

第三章　ウソ満載！　アイヌ副読本『アイヌ民族：歴史と現在』（小学生用）

平成三十年（二〇一八）に改訂版（写真1参照）が公益財団法人アイヌ民族文化財団によって出されましたが、先にふれた申し入れも含めて誤りは全く正されていません。数ある誤り――もうほとんどウソというべき――の中で看過できないものの幾つかをあげて説明します。

ウソその1（〝はじめに〟）

「日本には和人だけがくらしてきたわけではなく、アイヌ民族も昔から日本列島に住んできました」とありますが、『日本書紀』にある蝦夷《えみし》は陸奥（現在の福島・宮城・岩手・青森）に住む諸部族もしくは豪族を表すもので、特別にアイヌを表すものではありません。北海道に蝦夷《えぞ》島の名が与えられたのは随分後のことで、特にアイヌに蝦夷（カイ）というも字が当てられたのは、アイヌが〝この地に生まれた者〟という意味で使うアイヌ語〝カイー〟によると言われています。

江戸期には津軽半島に蝦夷が住んでおり、これを日本人に編入したという記録がありますが、さすがに「日本列島」は誤解をまねく表現です。

ウソその2　アイヌ語地名（7ページ）

大正時代にアイヌ語を研究した金田一京助東大教授が提唱《ていしょう》した、漢字の「別」や「内」や「幌」がアイヌ語地名だとして、それを北海道曹達《そーだ》社長の山田秀三氏が道外に拡大解釈《かくだいかいしゃく》したものが広く流布《るふ》しています。自《みずか》らアイヌでアイヌ語学者の知里真志保《ちりましほ》北大教授は、山田秀三氏が主催した講演会（講演録の写しは私の手元にあります）で遠回《とおまわ》しにこれを否定しています。北海道大学図書刊行会が出した『シンポジウムアイヌ』においても山田秀三説の矛盾《むじゅん》や理論の飛躍《ひやく》が指摘され、明確に否定されています。確かに津軽半島《つがるはんとう》の外カ浜《そとがはま》にはアイヌが住んでいましたが、津軽藩は一七五六年にこれを戸籍《こせき》に組み入れ、他の村民との結婚を認めました。しかしそれは青森県の北海道に面したほんの一部の話です。それを青森県だけではなく秋田・盛岡に二百以上もの印をつけて、これをアイヌ語地名だとしています。これは山田秀三という人の研究（趣味《しゅみ》）をもとにしたものでしょうが、北海道の考古学の第一人者であられた吉崎晶一・河野本道両先生は以下のような理由で批判《ひはん》しておられました。

「その地名がアイヌ語によって解釈《かいしゃく》できるということと、近世アイヌが実際そこへ行ってアイヌ語で名前をつけたかは別」。

「アイヌの成立は鎌倉《かまくら》時代以降だから、つけられた時期は鎌倉をさかのぼらない。それ以前はアイヌがいないのだから単にその地名がアイヌ語で解釈できるということだ。そして、アイヌ語は日本でかつて使われた古い言葉の面影《おもかげ》を残しているのだから、地名がアイヌ語で解釈出来たとして不思議はない」。

「日本書紀の蝦夷征伐《えぞせいばつ》に出てくるシリベシ、トピウ、イブリサへ、シシリコなんていうのは、古すぎてアイヌ語とは言えない」。

結局、『日本書紀』に現れた蝦夷《えみし》の住んでいたところはみんなアイヌが先住していたと主張したいのでしょうが、科学を教える学校の教材の内容としては不適切《ふてきせつ》なものです。

ウソその3　食べ物（10〜11頁）

アワやヒエ、キビといった「こくもつ」も古くから作られ、今から200年ほど前には、ジャガイモやトウモロコシ、大根、インゲン豆などを作っていたということもわかっています。

穀物《こくもつ》の栽培《さいばい》は続縄文《しょくじょうもん》および擦文《さつもん》文化人時代からのものと明記すべきです。ジャガイモは江戸初期に日本へ伝来し、栽培は和人の指導によるもので、アイヌ独自に作付《さくつ》けしていたものではありません。

また、写真には様々な器《うつわ》に盛られた料理が出ていますが、江戸期の記録にはアイヌの食事は一つの食器で済《す》ませるために、同時に複数器で異《こと》なった食材を食べることはないと記されています。

ウソその4　縄文文化からアイヌ文化へ（24ページ）

写真７　江別古墳群

「縄文時代の人たちは、アイヌ民族の祖先と言われています」とありますが、これこそ全くのウソといっても過言《かごん》ではありません。本文の記載《きさい》にもあるように、その後続縄文期そして擦文文化期（オホーツク沿岸ではオホーツク文化期）と続き、アイヌ文化が出てくるのはその後の話です。年表を見てもおわかりのように千年の時を超えて、縄文から引き継がれた続縄文・擦文あるいはオホーツク文化とは、墓制《ぼせい》（葬儀《そうぎ》やお墓の形）、住居、威信財《いしんざい》（朝廷との結びつきを示す刀剣など）で全く異なるアイヌ文化と縄文人文化を結びつけるのは乱暴《らんぼう》な話です（写真7　擦文文化人の古墳、写真8　オホーツク文化人の墓と人骨、写真9　アイヌの葬制。：遺体を家もろとも焼いてしまう）

　このページの右余白部分には少年の絵に、**「縄文文化から、アイヌ文化へかわったとこ**

写真８　モヨロ貝塚の墓

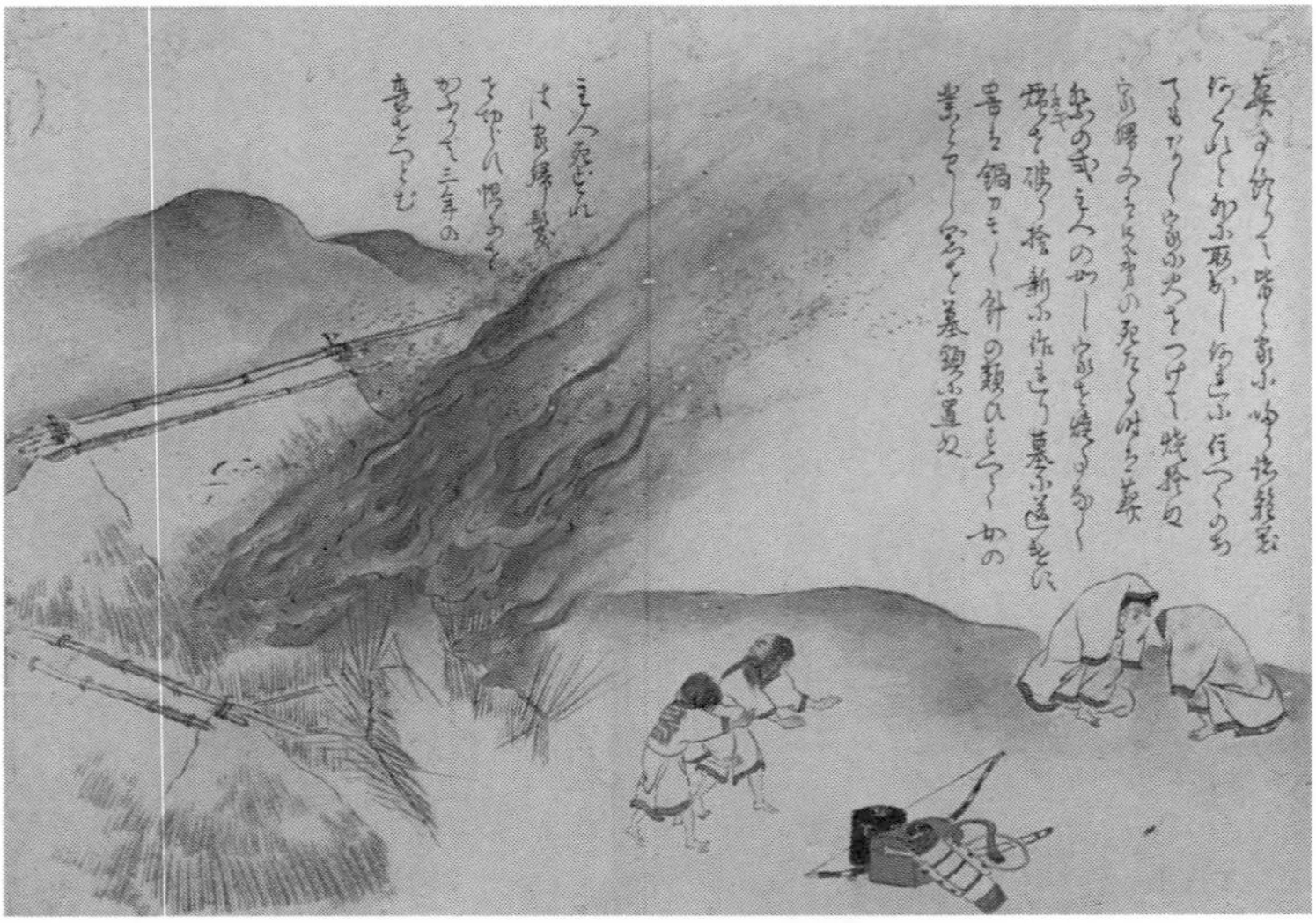

写真９　アイヌの葬儀

ろと、かわらなかったところを調べてみよう」と言わせて、あたかも縄文時代からアイヌが連続している印象操作《いんしょうそうさ》がなされています。

ウソその5　コシャマインの戦い（26〜27ページ）

千島列島では、ラッコの毛皮を手に入れました。アジア大陸からは、「えぞにしき」という中国製の服を手に入れました。そして、本州の北部ではお米や服と交かんしました。このころのアイヌの人たちは、だれからも命令されることなく、自分たちの意志で、自由に交易していたのです。

アイヌと大陸の交易が「アイヌの人たちは、だれからも命令されることなく、自分たちの意志で、自由」ではなかったことは多くの文献に残されています。江戸期に書かれた『東遊《とうゆう》雑記《ざっき》』や『蝦夷生計図説《えぞせいけいずせつ》』にはアイヌと大陸との交易（山丹《さんたん》貿易）の実態がよく書かれています。『東遊雑記』には取引されるアイヌ奴隷《どれい》の値段まで詳《くわ》しく書かれていますが、『北方歴史文化叢書《そうしょ》』（昭和五十六年）にはこの事情がよくまとまっていてしかもわかりやすく書かれているので紹介します。

アイヌを人質とす

当時アイヌ人の持ち合わせのないものには品物を貸し付けて行くこともあった。そして借りたアイヌ人は山丹人の取り立てに来た時に払うことが出来ない者は、山林中に逃げて身を隠すこともあった。すると山丹人はアイヌ人の子女を人質として連れて行く等した。……こうしたことは日増しに繁しくなるので、アイヌと山丹人との争も時々起るようになったのを見、文化四年のとき箱館奉行戸川安倫、羽太正養は部下をしてこれらの取引状態を調査せしめた。当時南樺太や宗谷のアイヌ等は借物が年々重なり、返済に困っていた。一年中一生懸命に捕獲し集めた獣皮を山丹人の来る時に提供しても、その前借の半分にも充たぬ有様であった。そして借りは積み重なり、アイヌ人は一生頭の上る時がないのである。山丹人はアイヌの家に泊っては実に傲慢至極な振舞をなしたのである。

山丹取引を禁ず

文化六年幕吏松田伝十郎は山丹人に命じてアイヌ人の貸借は運上屋に申込ましめ、直き取引を禁ずとなした。……（著者要約：そして幕府はアイヌの山丹人に対する残債《ざんさい》を支払って）、古来からの因習的な借債を一掃させて初めて安住せしめたのである。

いかがですか、こうした交易の「だれからも命令されることなく、自分たちの意志で、自由」な交易などでは全くなかったことがよくおわかりでしょう。

「本州の北部での戦いに敗れたさむらいが、北海道に逃げることもありました。そのためにアイヌの人たちの土地だった、ヨイチからムカワのあたりにまで、和人が住むようになったのです。そういう時、志苔《しのり》（函館市）でアイヌの少年が和人の鍛冶屋に殺されるという事件がおきたのです。この事件がきっかけとなって、コシャマインをリーダーとするアイヌの人たちと、和人との間で戦いがはじまりました。この戦いで、12あった和人の館《たて》のうち、10の館がおちましたが、コシャマインは戦死しました（1457年）。この戦いの後、数十年の間、和人の住むところは松前や上ノ国だけになりました。」

北海道が〝アイヌの土地だった〟という表現は全くあたりません。そもそもアイヌには土地を所有する概念はありません。アイヌにとって、土地も生き物もすべてが神々の世界だと述べている（14ページ）のと全く矛盾する記述です。アイヌは部族間の力関係で縄張《なわば》りを広げたり奪《うば》われたりしていただけなのです。アイヌの英雄としてもてはやされているシャクシャインなどは、自分の縄張りで狩りをした他部族の若者を殺したという記録も残っています。私の郷里愛別町はアイヌの伝承《でんしょう》であるユーカラにも謡《うた》われていますが、十勝アイヌがしばしば豊かな石狩（上川）アイヌの縄張りを奪おうと侵入《しんにゅう》して戦場になったところとされています。

記録に残っているアイヌ同士の戦いのいくつかを紹介しましょう。

一六四八年
シブチャリ（静内）を勢力圏としていたメナシクルのシャクシャイン（副酋長）がハエ（門別）を勢力圏としていたシュムクルのオニビシ（酋長）の部下を殺した。これにより両地方の争いが続いた。

一六五三年
シブッチャリ地方のメナシクル軍がハエ地方のシュムクル軍（オニビシ）に敗れ、メナシクル軍の酋長カモクタインが戦死し、シャクシャインが酋長になった。

一六五五年
松前藩がオニビシ・シャクシャイン双方《そうほう》を福山城に呼び、以後戦わないことを誓《ちか》わせた。

一六六八年
シャクシャインが「金掘り屋敷《やしき》（文四郎屋舗《やしき》）」でオニビシをだまし討《う》ちにして殺し、両勢力の争いに火がついた。

一七五八年
根室地方（ノシャップ）の酋長シクフとその子カスンテら多数が宗谷のアイヌ六十人余を殺害し、二百人余を負傷させた。

次のウソは非常に悪質なものです。それは「**志苔**《しのり》**（函館市）でアイヌの少年が和人の鍛冶屋に殺されるという事件がおきた**」というものです。

ここに書かれている〝アイヌの少年〟について、元になった文献である『新羅之《しんらの》記録』には「乙孩《オツカイ》」とあります。「乙孩《オツカイ》」は子供のお使いではありません。立派なアイヌの大人をさす言葉です。コシャマインの戦いに「少年」を持ち出した最初の人物は、私の知る限りでは上村英明氏です。上村英明氏の経歴は一九五六年生まれ。慶応大学法学部卒業。早稲田大学大学院経済学研究科修士課程修了。恵泉女学園大学大学院教授。……とその著書にはあります。氏の学識からいって『新羅之記録』の「乙孩《オツカイ》」を「少年」と読み誤《あやま》るとは、私にはとうてい理解できません。上村氏は〝乙《おっ》孩《かい》→お使い→少年〟へとアイヌへの同情を煽《あお》るように明らかな改竄《かいざん》をしています。その後、この副読本の編集・執筆委員である平山裕人氏もこの「少年」を踏襲《とうしゅう》しています。参考までに新井白石《あらいはくせき》『蝦夷志附図《えぞしふず》』（北海道大学北方資料データベース）にある写真をあげておきますので〝ヲツカ

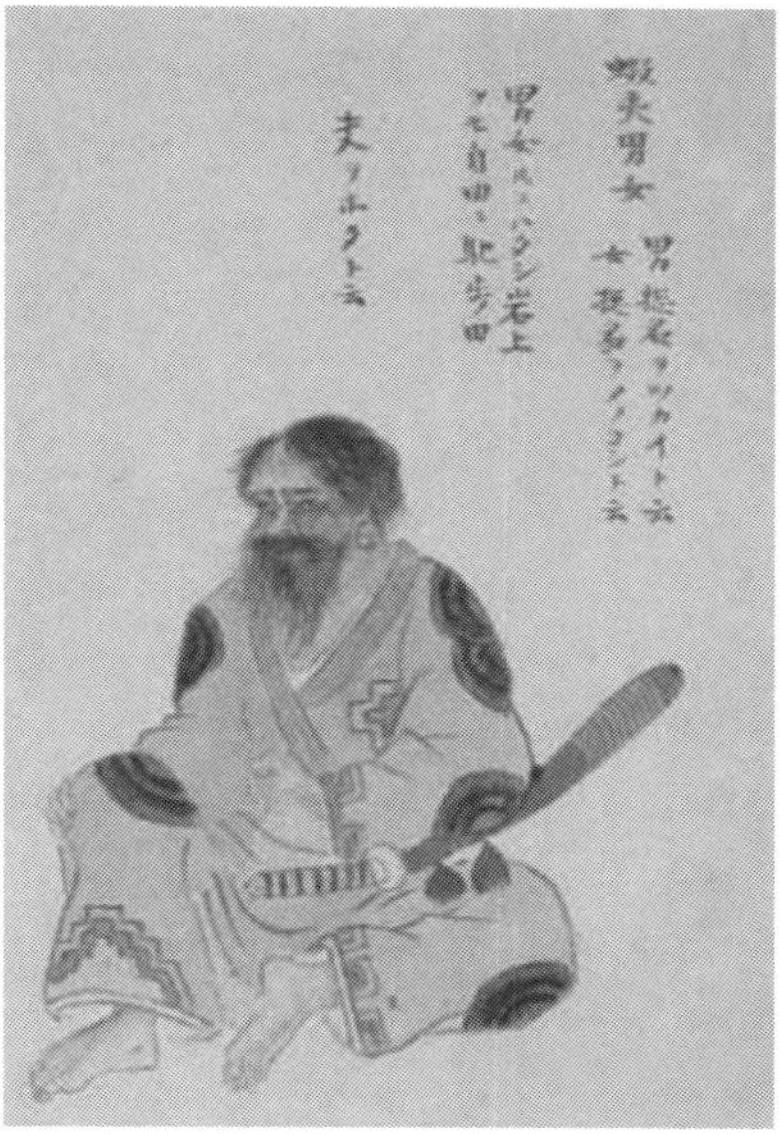

写真10　新井白石『蝦夷志』附圖

イ〟を確認してください（写真10）。

もう一つ大切なことは、この戦いの本質が隠されていることです。闘《たたか》いを挑《いど》んだコシャマインが殺されたにもかかわらず、和人の住むところが縮小《しゅくしょう》されたのはどうしてでしょうか。この当時、すでに和人とアイヌは大規模《だいきぼ》に混住《こんじゅう》していました。この戦いは和人対アイヌの戦いではなく、対立する館《たて》（和人とアイヌが混住し墓も同じ場所にあった）同士の交易圏をめぐる戦いであり、その後戦いに疲弊《ひへい》した和人の支配領域は縮小し、アイヌは交易権を拡大したのです。

ウソその6　シャクシャインの戦い（29～30）

ここではサケと米の交換比率《こうかんひりつ》について、時代背景を全く無視した説明をしています。当時、サケは利根川あたりでも捕獲することができ、非常に安価な魚で、江戸では人足《にんそく》の弁当に塩引《しおび》きとして使われているほどでした。

一方の米は非常に高価で、当時江戸の住み込みの女中や召使《めしつかい》が一年働いても、米は六俵（三百六十キロ）程度でした。記録によるとこの時期、コメが極端《きょくたん》な不作に見舞《みま》われ米価は二・四倍に跳《は》ね上がっていたのです。乱《らん》が制圧《せいあつ》された後、「**アイヌのサケ100本と、和人の米18kgと、交易の条件は少しよくなりました**」というのはその後米価が下がったからにほかなりません。

ちなみに、江戸時代は米相場の変動が激しく、十倍も乱高下することもありました。そこで幕末に直轄した幕府は、相場というものを理解できないアイヌの不満を解消するために、米の交換比率を一定にしたのです。

シャクシャインの反乱の直接原因はアイヌ同士の縄張り争いでした。少し詳《くわ》しく述べてみましょう。

前期シブチャリ紛争：シャクシャインがトカチ（十勝《とかち》）からシブチャリ（静内《しずない》）に来たところ、静内川の上流にはオニビシを酋長《しゅうちょう》とするグループがあり、下流にはカモクタインを酋長とするグループがあって激《はげ》しく争《あらそ》っていました。シャクシャインは移住してきてカモクタイングループの副酋長になりながら、同時にオニビシの親戚《しんせき》を自分の妻にするというなかなかのやり手だったのです（アイヌはその力に応じて何人の妻女をもってもよい社会でした。シャクシャインが死んだときその妻女の数は八十人であった：『松前秘府』）。一六四八年シャクシャインとオニビシが酒盛りをしていたとき、シャクシャインはオニビシの下人（アイヌ社会は酋長およびその一族とそれ以外には厳《きび》しい差別がある身分社会で、戦後になるまでこの差別社会はつづいていた）を殺しました。オニビシが賠償《ばいしょう》を求めましたがシャクシャインはこれを無視したため、オニビシグループとカモクタイングループの戦争が起こりました。これを調停《ちょうてい》したのが松前藩だったのです。しかしカモクタインはこの戦いで戦死し、シャクシャインが代って酋長になりました。

後期シブチャリ紛争：和睦《わぼく》したとはいえ、オニビシ、シャクシャイン両者は一触即発《いっしょくそくはつ》の不安定な関係でした。

一六六五年、シャクシャインが獲《と》った二頭の子熊のうちの一頭をオニビシが要求し、これをシャクシャインは拒否しました。

その冬、シャクシャインの部下ツノウシがオニビシの縄張りで鹿狩をして追い返されました。

一六六七年春、オニビシはシャクシャインの縄張りで魚を獲《と》りましたがシャクシャインは黙認《もくにん》しました。

このような微妙《びみょう》な関係の最中、オニビシの甥《おい》ツカコボシが、シャクシャインと同盟関係にあるウラカワ（浦河《うらかわ》）で鶴《つる》を獲り、シャクシャインに殺されました。

オニビシはシャクシャインに賠償を求めましたがシャクシャインはこれに応じません。

ここに両者を仲裁《ちゅうさい》するといって出てくるのが金掘りの文四郎という和人です。

一六六八年四月、シャクシャインは文四郎の館《やかた》にやってきたオニビシを数十人で襲《おそ》い殺しました。

同年六月にはオニビシグループがシャクシャインのチャシ（砦《とりで》）に火を付け、両者に多くの死者を出しました。

紛争《ふんそう》は徐々《じょじょ》に拡大し、同年十二月、オニビシの息子カケキヨや従兄弟《いとこ》ハロウが松前に調停《ちょうてい》を求めましたが断られました。

シャクシャインの乱：一六六九年四月にはオニビシの家来サル（沙流《さる》）のウトウも調停を願いに松前へ行きましたがらちがあかず、不幸なことにウトウはその帰路、天然痘《てんねんとう》で死んでしまいました。これをシャクシャインは松前藩に毒をもられたとウソのうわさを流し、オニビシグループも反松前藩になってしまいます。こうして反目が二十年に及んだシャクシャイングループとオニビシグループは同盟し、シャクシャインの乱が始まったのです。

何よりも、この反乱というか略奪行為《りゃくだつこうい》で犠牲《ぎせい》になった和人の人数に触れていないのは、史実を正確に伝える姿からは程遠いものがあります。『新撰《しんせん》北海道史』（第二巻）には、和人犠《ぎ》牲者《せいしゃ》の内訳《うちわけ》が書かれています。それによると、殺害された和人は二百七十三人で、内訳は武士が五人、他は一般人で、そのうち百九十八人は松前藩とは関係のない他国の人たちでした（文献によっては西蝦夷の犠牲者を合計して四百二十人余りとしています）。この事実をもってしても、シャクシャインが松前藩の圧政《あっせい》に立ち向かったという構図《こうず》を描《えが》くには無理があると思います。

ついでに申し添《そ》えますが、松前藩が和睦《わぼく》を持《も》ち掛《か》けシャクシャインをだまし討ちにしたとの記載がみえます。中学生版で詳しく述べますが、これは津軽藩《つがるはん》に残る文献によるものです。ほぼ百年後、幕府巡見使《じゅんけんし》に同行した官吏《かんり》の書いた『東遊雑記《とうゆうざっき》』には漁夫《ぎょふ》に変装《へんそう》した松前藩士がシャクシャインの陣《じん》へ夜間忍《しの》び込《こ》み首を取ったとあります。その手柄《てがら》によって孫が松前藩から厚遇《こうぐう》されている様子も書かれていることから、こちらの方が正しいのではないでしょうか。

ウソその7　クナシリ・メナシの戦い（30〜31ページ）

蛎崎波響《かきざきはきょう》（一七六四〜一八二六）の『夷酋列像《いしゅうれつぞう》』はアイヌ絵の最高峰《さいこうほう》と評価されています。問題なのは掲載《けいさい》されている**写真2―7：ツキノエの「松前で着せられた服装です。くつや服はどこのものかな**」という説明です。

『夷酋列像』の他の絵をみると、どれも蝦夷錦《えぞにしき》といわれる豪華《ごうか》な服装が目につきます。酋長やその一族は非常に豊かな生活をしていました。平秩東作《へずつ》『東遊記《とうゆうき》』（一七八四）には、酋長の妻は錦《にしき》を着て、分厚く敷いた羅紗《らしゃ》（毛織物）に座っている、とその栄華《えいが》の様子を書いています。絵にあるツキノエの服装はクナシリ・メナシ（今のクナシリ島と羅臼《らうす》から標津《しべつ》）の大酋長に相応しい盛装《せいそう》だったのです。また樺太アイヌについては、明治になってからも絹《きぬ》を着るほどに豊かだったとチェーホフは『サハリン島』で報告しています。

和人に虐《しいた》げられたアイヌというイメージを小中学生に植え付けるために、「松前で着せられた服装」などという説明を載《の》せているのでしょう。

ウソその８　漁場ではたらくかげで（32ページ）

ここでもアイヌ社会の身分制度に触れていません。当時のアイヌと和人のかかわりについて押さえておかなければならない最も重要なことは、酋長およびその一族とその他のアイヌには厳然《げんぜん》とした身分差別（奴隷制度に近い）があったことです。

名取武光著作集Ⅱ『アイヌと考古学（二）』の関係部分の内容を少し紹介《しょうかい》しましょう。名取氏はアイヌの酋長を「豪族《ごうぞく》」と著書で表現しています。そしてこれに従属《じゅうぞく》するウタレ（男の半奴隷）の起源を（一）同族中自活できない者を、有力者が引き取って世話をし、遂《つい》に従《じゅう》属《ぞく》関係を生じたもの。（二）戦争の捕虜《ほりょ》。（三）他部族よりの流転《るてん》者。

また、同じように身分の低いアイヌの女性奴隷は（妾《めかけ》チハンケマチ）として売り買いされる商品だったのです。樺太《からふと》では明治以降になっても犬一匹以下で取引されたという記録が残っています。

また、江戸期に北海道・樺太そして沿海州《えんかいしゅう》を探索した間《ま》宮《みや》林蔵《りんぞう》（一七七五？〜一八四四）も、アイヌの男たちが婚礼の結納品《ゆいのうひん》とされたり、貿易の商品として絹織物などと交換（一人当たり強弱に応じて絹の巻物で三〜七巻などと記されています）されていること、また宗谷《そうや》や樺太から売られてきた口もとに入墨をしたアイヌ女性が大陸で働かされている様子を報告しています。

商人たちは彼らの所有者である酋長に対価を支払い、現在でいうところの〝派遣労働者《はけんろうどうしゃ》〟として雇《やと》っていたのです。

和人商人がアイヌ部落へ行ってアイヌの男たちを強制的に連れてゆくことなどできるでしょうか。それは商人と、ウタレを所有する酋長およびその一族との取引だったのです。

ウソその9　北海道の「開拓」とアイヌ民族（34ページ）

1850年ころ、北海道のほとんどの場所に、アイヌの人たちが住んでいました。しかし、1869年に日本政府は、この島を「北海道」と呼ぶように決め、アイヌの人たちにことわりなく、一方的に日本の一部にしました。そして、アイヌ民族を日本国民だとしたのです。しかし、日本の国はアイヌ民族を「旧土人」と呼び、差別し続けました。

一八五〇年の北海道の人口の内訳を見ましょう。一八五四年時点で、樺太を含めない北海道のアイヌ人口は一万五千百七十一人です。一方、ほぼ同時期（一八四六年）の北海道の和人人口は八万五千百人でアイヌ人口の五・六倍であったことがわかります。

アイヌ人口はほぼ正確に把握されていると考えられますが、和人統計については当時の人別帳《にんべつちょう》（戸籍《こせき》）を基に集計されており、人別帳に載らない無宿者《むしゅくもの》といわれる男たちや被差別部落民《ひさべつぶらくみん》の男女を加えると、さらに多くの和人がいたことになります。

つまり、当時は〝北海道のほとんどの場所に、和人が住んでいた〟のです。

北海道議会議員たちが問題にしたのは、「アイヌの人たちにことわりなく」という文言ですが、同族を差別し売りさばくような部族社会・縄張り社会を放置すれば、北海道はロシアに編入《へんにゅう》されてしまいます。そもそも国家の概念《がいねん》のないアイヌに、どうやって近代国家の概念を理解させようというのでしょうか。後にロシアに編入された樺太や千島アイヌが、コサックの奴隷として売り払われた経緯《けいい》をみれば、明治政府の判断、そしてこれに従《したが》ったアイヌの先人たちの判断は正しいものだったのです。

しかも明治十年に発布された地券条例《ちけんじょうれい》には、アイヌの居住地を官有地《かんゆうち》に編入し、ずる賢《がしこ》い和人にだまし取られないようにアイヌの所有権を保護することまで定められているのです。（『新撰北海道史《しんせんほっかいどうし》』）

旧土人を差別語としていますが、そもそも土人という言葉は昭和三十年代まで差別とは認識されていませんでした。またアイヌを特に旧土人といったのは、先にも書いた通りこの時すでに八万人以上の和人（土人：現地に住む人）が暮らしており、アイヌをこれと区別して保護する必要があったので敢《あ》えて旧土人としたのです。

ウソその10　同化政策（35ページ）

アイヌの人たちの住むところは、いろいろな事情に関係なく、しばらくの間、すべて官有地に入れます。と決めました。このきまりで、アイヌのひとたちは、それまで住んでいた土地も取り上げられたのです。そして、その土地は和人にあたえられていきました。

北海道に渡った多くの和人商人たちがアイヌを騙《だま》して土地を取り上げることが横行していたために、まず官有地としたのは、アイヌが土地を酒や煙草《たばこ》と換《か》えてしまうことを防ぐ処置《しょち》でした。アイヌに戻《もど》した後にすぐにだまし取られた土地を再度取り返すのに当時の北海道庁の役人が大変苦労したことの記録が残っています。また、アイヌに与《あた》えるとせっかく取り戻した土地を和人に奪《うば》われるので、アイヌに戻さないことにしたところ、この役人が横領《おうりょう》したと宣伝《せんでん》してアイヌに土地を戻させ、まんまと土地を手に入れたという和人商人の話も記録に残っています。北海道新聞はこの献身的《けんしんてき》な元同庁職員を、アイヌの歴史に詳《くわ》しいという元東北学院大学教授の〝アイヌの土地を横領した〟という誤った見解を載せて、著《いちじる》しい名誉棄損《めいよきそん》をしていました。詳しくお知りになりたい方は拙著『アイヌ先住民族　その不都合な真実20』（展転社）を参考にしてください。

それまでの、アイヌの人たちの文化や習慣に対して「やってはいけない」「変えなさい」

と命令したものがいくつもあります
◆イレズミをしてはいけない
◆耳かざりをしてはいけない
◆川でサケを取ってはいけない
◆和人風の名前に変えなさい
そして、狩りや漁が中心の生活を、農業中心の生活に変えて、日本語を使うようにと言いました。「和人と同じような生活をしなさい」ということです。これを「同化政策」と言います。

イレズミ

アイヌ女性の入れ墨《いずみ》については、非衛生的に行われていたことが一番の問題でした。現在でも入れ墨のある人に、血液によって伝染する肝炎や白血病の一部などが多いことは医療に従事する者の常識となっています。また「入れ墨は大人になった印」、「結婚した女性の印」だとする記載が多く認められますが、明治十一年に北海道を訪《おとず》れたイザベラ・バードの『日本奥地紀行』の記載を紹介しましょう。

「最近日本政府が入れ墨を禁止したのをたいそう悲しみ、また困惑している。神々は怒るだろうし、入れ墨をしなければ女は結婚できないのだ、という。彼らはシーボルト氏や私にどうかこの点に関して日本政府との間を仲裁《ちゅうさい》してもらえないか、と嘆願《たんがん》した。彼らは、他の点ならいざ知らず、この点については無関心ではいられない。『これは私たちの宗教の一部分なのです』と、何度も繰《く》り返《かえ》して言うのである」（ルビは著者）という記載があります。

ちなみに同書には、「入れ墨は五歳のときに始まるが、まだ乳離れしていないものもある。今朝私は可愛らしい利口そうな少女に入れ墨をするのを見た。一人の女が鋭《するど》い刃のついた大きなナイフをとり、すばやくその上唇に数個の水平線を切り刻み、すぐ次にその非常に美しい口許《くちもと》を切り刻んだ。そして微《かす》かな血の流れが止まらぬうちに、囲炉裏《いろり》の上にかけてある蓆《むしろ》にまとめてある黒光りする煤《すす》を少しすりこんだ」（ルビは著者）とあります。

この「宗教の一部分」である行為《こうい》が非衛生なばかりか、かなり残酷《ざんこく》なものであったことをうかがわせます。もの心がついたときに腕や手はともかく口もとに大きな入れ墨をされている自分を想像してみてください。私が子供の頃（昭和三十年代）にはまだ口もとに入れ墨をした老婆を見かけることがありましたから強制性を伴うものではなかったのです。入れ墨の習慣は上川では早くになくなりましたが、十勝方面ではかなり遅《おそ》くまで残っていたようです。明治・大正・昭和を生き抜いたアイヌ女性砂沢クラさんは、十勝へ嫁に行った娘が口もとに入れ墨をされて里帰りしたので、本人ともども一同とても驚《おどろ》くと同時に悲しんだことをその手記に書いています。

耳かざり（耳環）

耳たぶに穴をあけるのですから不潔操作《ふけつそうさ》による感染の危険が伴います。以前、私の病院へ研修に来ていた医学部の女学生はピアスの穴開けで感染し、その後大きなケロイドが残って気の毒でした。また、江戸期に北海道を旅行した菅江真澄（一七五四〜一八二九年）は、アイヌの耳環は大きなもので、男同士の喧嘩《けんか》のときなどはこれを引っ張って相手の耳を引きちぎったということもあったと記録しています（『菅江真澄遊覧記』）。

サケ漁の禁止

江戸中期以降、大網《おおあみ》を用いた近代漁法が導入され、サケだけではなくニシンなども徐々に漁獲量《ぎょかくりょう》が減少し、当のアイヌ自身が大網による漁の禁止を求めている記録がすでに江戸後期にみられます。特に産卵期のサケ漁は一例をあげると、明治初期の段階で約三百人の上川アイヌが捕獲したサケは十万尾であったといいます。こうした乱獲《らんかく》の結果、捕獲制限が加えられたもので、全面禁漁としたわけではありません。こうした乱獲はサケやニシンだけではなくエゾシカ・テン・キツネ・タヌキ・カワウソ・ヒグマ、そして海ではラッコ・オットセイ・アザラシなどに及《およ》びました。エゾシカの角は漢方薬の原料として、また毛皮も需要が高く沼地や落とし穴に追い込む乱獲が続き、明治初期には大雪による大量死とあいまって禁猟にせざるを得《え》ない状況《じょうきょう》にまで追い込まれましたが、アイヌには猟銃《りょうじゅう》が支給され、これによる捕獲は許されていました。当時の函館新聞にはシカ猟で大儲《おおもう》けをした羽振《はぶ》りのいいアイヌの記事が紹介されています。カワウソは絶滅《ぜつめつ》、テン・ラッコ・オットセイも北海道ではほとんど見かけなくなりました。

和人風の名前

明治になって人別帳（江戸時代の戸籍）に乗せてもらえず不利をこうむっていた無宿者や被差別部落民なども、平民として新しい戸籍《こせき》に組み入れられ、身分差別が撤廃《てっぱい》されました。従来《じゅうらい》文字がないアイヌにも、文字の記録によって血縁関係などが明らかになる戸籍《こせき》を与え、アイヌも同じ日本人として平等に扱《あつか》ったものです。戸籍上の和風の名前はあくまでも表記上の便宜《べんぎ》のためであり、それぞれのアイヌ部落やアイヌの家族同士でアイヌ語の名前を禁止したものではないのです。やがてアイヌ自身が和風の便利さに馴染《なじ》んで使うようになったのです。

現在でも年金・社会福祉や税務上などの便宜《べんぎ》のために、国民総背番号制が導入され国民一人一人に番号が割り振られていますが、私たちは日常生活でその番号を強制されているわけではありません。やがて世の中が進んでそちらのほうが便利で馴染みやすいとなれば近い将来、自他ともに番号を利用する機会が多くなってくるでしょう。

これとは少し趣《おもむき》が変わるかもしれませんが、戦前そして戦後に朝鮮半島から渡って来た在《ざい》日朝鮮《にちちょうせん》の人たちが、韓国や北朝鮮の戸籍上の名前ではなく通名《つうめい》といっていくつもの日本人の名前を使い分けて、犯罪の温床《おんしょう》になっているのですが、これも日本政府が通名を強制しているものではありません。そもそも通名の始まりは日本統治下の朝鮮半島の人たちが、満洲《まんしゅう》に出かけた際《さい》に朝鮮名だと支那人《しなじん》に馬鹿にされるので日本名が欲しいと訴《うった》えたことから始まったものです。

結局アイヌも朝鮮人も、日本にいる限りは使い勝手の良い和風の名前を使用し続けているということに過ぎないのです。現に旭川アイヌ協議会会長の川村兼一さんは、アイヌ関連の集まりでは川村シンリツ・エオリパック・アイヌと自己紹介しています。また、阿部一司北海道アイヌ協会副理事長は、21世紀自主フォーラムという北朝鮮の思想を広める団体の活動では、阿部ユポと自己紹介しています。また、東川・美瑛においてニセ人骨ニセ墓穴で反日石碑を建立しようとしていた殿平善彦さんの催《もよお》し（平成二十五年八月）に川村兼一さんと一緒に出席していた札幌の石井由治さんは、令和元年（二〇一九）十二月二十一日に札幌市で、皇室や自民党政治家さらには保守評論家や原爆被害者の写真を燃やす展示で問題になった〝北海道・表現の自由と不自由展〟の開会式に、朝鮮民族衣装を着た二人の女性を従えて石井ポンペと名乗ってアイヌ式の祈り〝カムイノミ〟を主催《しゅさい》していました。日本政府は強制的《きょうせいてき》に彼らの名前を奪《うば》ったことなど一度もないのです。

ウソその11　北海道旧土人保護法（36～37ページ）

和人の人口が増えると、アイヌの人たちの生活が苦しくなりました。それまで、アイヌの人たちはサケやシカを食料としていましたが、そのサケ漁が禁止され、シカ猟もやりにくくなったからです。

1880年ころには、多くの和人のハンターがシカ猟をして、シカをとりすぎたり、大雪でシカが死んでしまったため、シカが急に減ってしまいました。

サケやシカが減ったこと、そして漁獲制限や狩猟制限をしたことは先に述べたように交易によるものです。

欄外：アイヌの人たちにあたえられた畑は、和人にくらべてずっとせまかった。

第一条　北海道旧土人で農業をしたいと志す者には一戸につき土地一万五千坪（五町《ちょう》歩《ぶ》：約五ha）を無償《むしょう》で与《あた》える。

※無償下付五町歩は民間開拓に下付された面積と同じ、屯田開拓《とんでんかいたく》は三町《ちょう》五反《たん》でした。

卑怯《ひきょう》にもこのようなウソがちゃっかり欄外《らんがい》に埋《う》め込《こ》まれているのです。

アイヌの子どもたちは、学校でアイヌ語ではなく、日本語を教えられました。またアイヌ

の人たちの人口の多いところでは、和人の子どもの学校とは別に、アイヌの子どもだけが行く「学校」が作られました。その後、和人の子どもが学校へ行く年数は6年間に伸びましたが、アイヌの子どもは4年間のままでした。

江戸時代、松前藩《まつまえはん》はアイヌに和風の暮らしをすることを禁じて差別していました。例えば履物《はきもの》や着物、髪型などだけではなく、特に幕府の監視《かんし》を嫌《きら》いアイヌから直接情報が漏《も》れることを恐れて、和語を話したり書いたりすることも禁止したのです。一般に文字をもつ民族と文字をもたない民族が境《さかい》を接する場合、後者は前者の文化に吸収されてしまう、というのが歴史の法則です。

ウソその12　アイヌ協会を作る（38～39ページ）

余市《よいち》の違星北斗《いぼしほくと》、幕別《まくべつ》の吉田菊太郎《よしだきくたろう》という人たちが中心になって仲間を集め、１９３１年に北海道アイヌ協会を作りました。北海道アイヌ協会は、アイヌ民族全体のために、世の中を変えていこうという主張をしました。

吉田菊太郎著『アイヌ文化史』には経歴が記されているので紹介します。

明治二十九年七月二十日、十勝国中川郡幕別村字白人村、父庄吉母マツの間に長男として生れ、以来この地に居住し今日に至る。白人小学校、幕別高等小学校を卒えて父業を継ぎ農業を営む。昭和四年白人古潭矯風会を創設して専ら同族の生活改善に力め、殊に住宅改善に重点をおき、二ケ年にして全戸数二十三戸を文化住宅に改めた。昭和五年に旧土人保導委員に依嘱され、昭和七年四月に幕別町議会議議員に当選し以来四選す。昭和四年以来現在に至る間の足跡を見るに幕別町学務委員、北海道方面委員、幕別町畜産代議員、幕別町農業会理事会長、十勝旭明社理事、北海道アイヌ協会副会長、十勝アイヌ協会長、幕別町厚生委員長、幕別町議会懲罰委員長、相川校PT会顧問、幕別町国保運営協議会長、北海道民生委員北海道アイヌ文化保存協会長、民生委員は社会福祉法制度布かれて以来引続勤めること二十七年間、現職に在る。

吉田菊太郎氏の経歴を見れば明らかなように、戦前からアイヌを理由に差別されて公職につけないなどということは全くありませんでした。北海道アイヌ協会設立の目的は〝世の中を変えていこう〟などという社会運動ではなく、アイヌ部落の〝矯風《きょうふう》〟つまり生活習慣の改善、わけても住宅改善アイヌの生活改善、つまり和人並みの生活を達成しようというものだったことがおわかりいただけるでしょう。

しかもアイヌ協会設立は、アイヌの生活を改善させようと道庁の役人であった喜多章明《きたまさあき》氏の尽力《じんりょく》であり、初代会長に就任《しゅうにん》したのも喜多氏です。『コタンの痕跡―アイヌ人権史の一断面―』の喜多氏の寄稿によれば設立は昭和七年とありますから、一九三一年ではなく一九三二年です。

同じく吉田菊太郎著『アイヌ文化史』に紹介された喜多章明氏の紹介を引用しましょう。

昭和のコシヤマイン、アイヌの大将、従六位勲六等喜多章明氏は大正時代からアイヌの味方として常に陣頭に立って奮斗努力を続け、北海道旧土人保護法改正案も氏の創案にかゝるもの、而して之が議会通過せしめた。氏は十勝支庁から道庁社会係長を経て岩手県の部長に栄進したが、戦後追放の身となつて帯広に還り代書業を営み今日に至る。歳六十一健在、訪客に説教しながら鮮かに筆を揮う。老いて益々旺である。生れは内地。

いかがでしょうか、アイヌ系日本人から〝昭和のコシャマイン〟とまで慕われた喜多氏をスッポリ消し去ったこの副読本の意図には日本国に対する悪意がにじみ出ています。ついでながら、違星北斗は日常生活の細かなことまで伝える口承《こうしょう》ユーカラに、土器の作り方が伝えられていないことを考えれば、アイヌは北海道の先住民族ではないと小樽新聞に寄稿しています。

第四章　ウソ満載！　アイヌ副読本『アイヌ民族：歴史と現在』（中学生用）

ウソその1　（〝はじめに〟）

欄外の和人の説明。

「和人」は、今の日本の中で一番人数の多い人たちを、アイヌ民族と並べて呼ぶときの呼び名です。

「和人」は和国の人という意味で、鎌倉時代から使われています。別にアイヌ人と並べての呼び名ではありません。「和人」と並べて呼ぶならば「アイヌ人」でよいのに「アイヌ民族」としているところに平衡を欠いています。

ウソその2　表1―1：日本の歩み（6ページ）

この年表の誤りは、定説では十三世紀以降とされているアイヌ文化が大きく十一世紀にまで食い込んでいるところにあります。また、和人の文化について十四世紀以降から始まっているのも誤りで、函館の船魂神社は一一三五年にはすでにあったのですから、二百年も和人文化を遅らせています。

アイヌと和人の混住で知られる勝山館では十五世紀すでに茶道具が発掘されていて、広く和文化が浸透していたことがわかります。

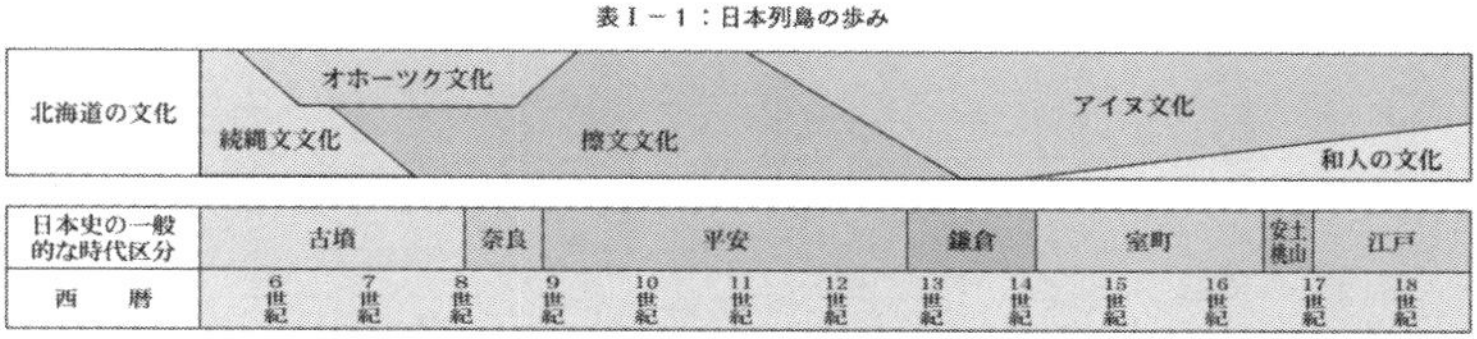

図３　副読本（中）の北海道の時代区分

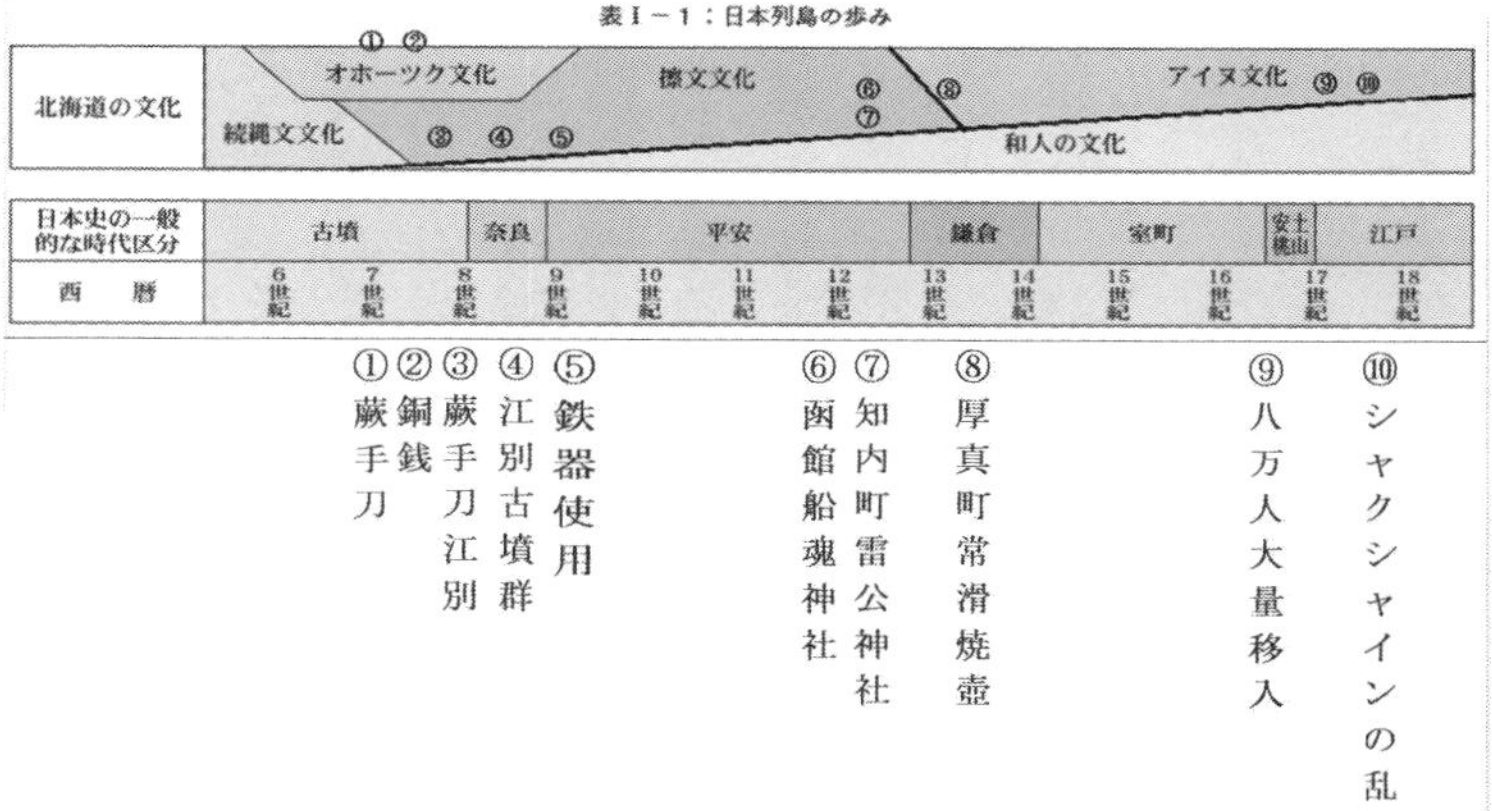

図４

また、シャクシャインの乱（一六六九年）当時のチャシ（砦）を発掘した報告によれば、出てきた器物はほとんど日本製のものばかりだったということですので、アイヌ文化と和人の文化の面積にも作為がみられます（図3）。

私がこの表を基に修正し、出来事を加えたものを参考までにのせておきましょう（図4）。

皆さんもう一度〝表Ⅰ—1：日本列島の歩み〟（図3）をよくご覧ください。お気づきになりましたか？　アイヌが現れた時代をさかのぼらせた捏造だけではなく、狡猾極まる捏造が潜ん

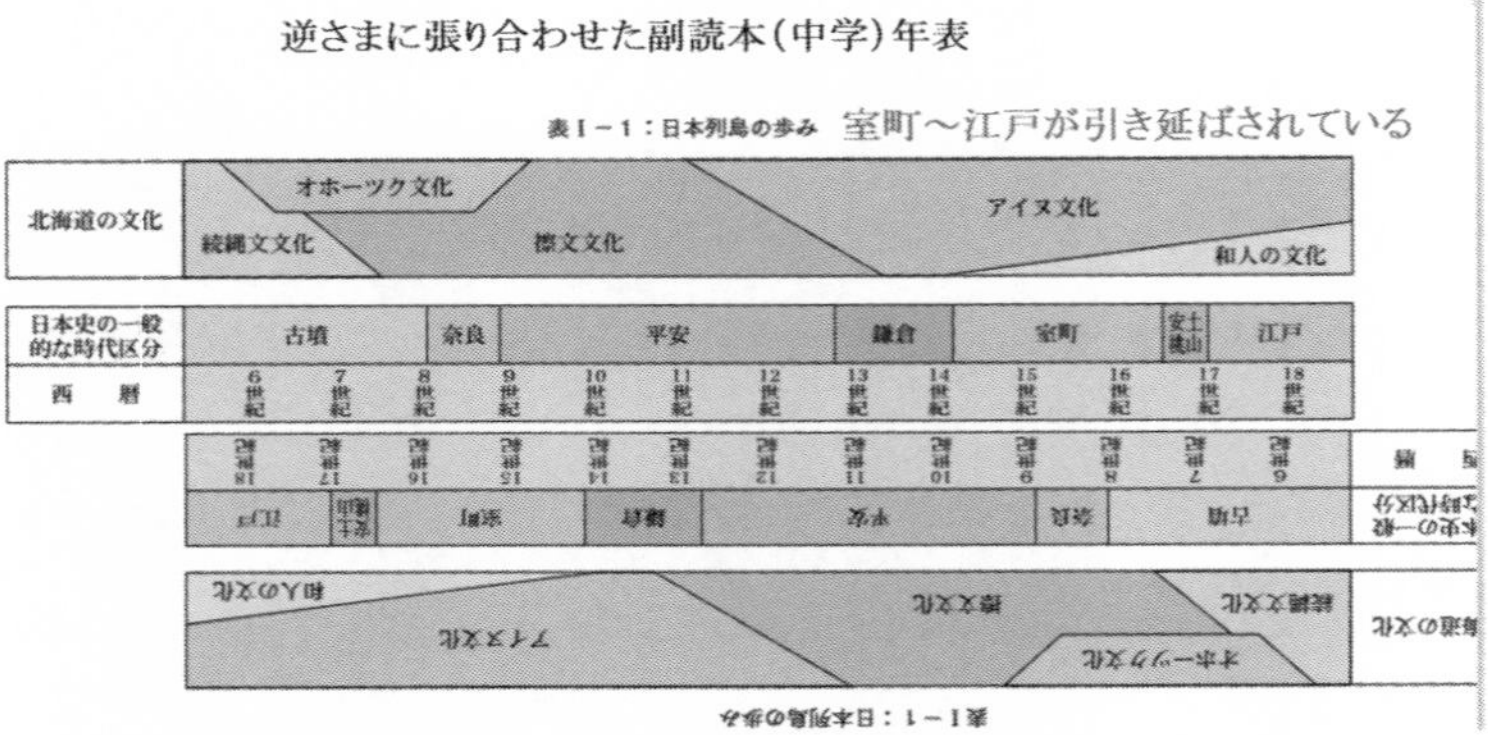

図５　副読本アイヌ年表を逆さにすると見えるもの

でいます。この表をよく見ると十四世紀から十七世紀の年表の幅が引き延ばされていることに気づきます。試しに年表をさかさまにしたものを張り合わせて見ると（図5）そのことが明らかになります。とにかくアイヌ文化期を少しでも長く見せようとしてこのような捏造までする団体が公益財団法人アイヌ民族文化財団とその編集委員たちなのです。

ウソその3　擦文文化（8ページ）

擦文文化人はアイヌ民族の祖先と考えられている。

全くこのようなことはありません。土器文化も引き継がず、古墳などの墓制つまり埋葬方法も全く異なり、したがって宗教観も異なる人々を無理やりアイヌ民族の祖先としています。

アイヌの歌人違星北斗《いぼしほくと》は、戦いや日常生活など細々したことまで歌い上げるユーカラに、道内で発掘されている土器（擦文文化）が触れられていないことを見ても「アイヌは先住民族ではない」としっかり書いています（昭和二年十二月十九日小樽新聞）。

ユーカラを話題にしたのでついでですが、小樽に在住しアイヌの研究をしたロシア人のネフスキーはその著書『月と不死』に、邪悪なトラが歌われているユーカラを紹介しています。もうおわかりでしょう。アイヌはシベリアの記憶をユーカラとともに携えて北海道へ渡ってきたのです。

また古人骨ミトコンドリアＤＮＡの分析からも、アイヌは東シベリア→樺太→オホーツク沿岸→全道へという経路が明らかにされています（拙著『科学的〝アイヌ先住民族〟否定論』参照）。

ウソその４　古代のエミシから中世のエゾへ（９ページ）

図Ｉ―３：青森県・秋田県・岩手県にあるアイヌ語地名

前章の小学生用の〝ウソその２〟に詳述してありますので省略します。

ウソその５　モンゴル帝国の成立とアイヌの人たち（12ページ）

北海道からサハリンへ北上してくるアイヌの人たちと何度か戦ったと、『元史』に書かれ

ている。

この記載は元史本記には世祖（二年三月・三年の十一月）の項にある「骨嵬國人襲殺吉裏迷部兵」（意訳：アイヌが黒竜江・樺太のニブヒを襲って殺す）と「征骨嵬。先是、吉裏迷内附、言其國東有骨嵬、亦裏於兩部、歲來侵疆、故往征之」（意訳：アイヌを征伐した。ニブヒがいうにはその国の東にアイヌとウィルタがいて侵入する、故にこれを征伐した）と思われますが、骨嵬（アイヌ）が「北海道から北上してくる」などとはどこにも書かれていません。

編集者の中村和之氏は彼の論文『元・明代の史料にみえるアイヌとアイヌ文化』に、以下のように書いています。

> 元朝のサハリン島（樺太）進出と骨嵬・亦里于　モンゴル帝国・元朝がアムール河下流域に進出したのは、クビライ＝カアンが即位してから4年後のことです。『元史』巻5、世祖本紀2、至元元年11月辛巳（旧暦11月10日：西暦1264年11月30日）の条には、骨嵬《クイ》を征《せいばつ》した。是より先、吉里迷《ギレミ》が内附《ふくぞく》し、其の国の東に骨嵬・亦里于《イリウ》の両《ふたつ》の部《ぶぞく》が有って、歳《まいとし》来て《やってき》疆《きょうかい》を侵《おか》すと言た。故《そこ》で往《しんげき》して之《これ》を征《せいばつ》した。と書いてあります。これはモンゴル帝国・元朝の側が正しいという立場で書いてあります。骨嵬とはアイヌ民族の祖先のことですが、その骨嵬が、お上に盾を突く賊だという立場で書かれているわけです。吉烈迷は、現在のニヴフ民族の祖先に当たる、かつてはギリヤークといわれていた人た

ちのことであろうと思われています。なぜ骨嵬がアイヌと言えるのかについては、清代の史料から、明代・元代の史料へとさかのぼって論証した結果です。論証の過程はここでは省略しますが、日本の東洋史の学界ではほぼ通説となっています。この骨嵬・亦里于という二つの集団が、吉里迷の境界を侵すので、元軍は吉里迷を守るために骨嵬を攻めたと書かれています。これが中国史料にアイヌのことが出てくる初出の例になります。これより前には、アイヌ民族の祖先と明確にいえる集団が中国史料に出てくることはありません。亦里于については、『元史』のここにしか出てきません。私はこの亦里于と呼ばれる人たちも、系譜的には今のアイヌ民族につながる集団だろうと思っています［中村２００６］。ただし、これは少数意見です。和田清を始めとして［和田１９４２］、日本の多くの研究者は亦里于をツングース系の集団としています。しかし、骨嵬と亦里于が、同じ方向から吉烈迷の領域に入ってくるという記述に注目すると、骨嵬と亦里于は、宗谷海峡を越えてサハリン島に来たと思われます。もしそうであれば、宗谷海峡より南の地域に、亦里于の遺跡がなければならないことになります。亦里于がツングース系の集団だというのであれば、北海道の北部にツングース系の集団の遺跡がなければなりません。しかしそういう遺跡は見つかっていません。したがって私は、この亦里于と呼ばれる集団もアイヌ民族につながる人たち、つまり擦文文化人の子孫ではないかと考えています。

さて中村氏によれば、**骨嵬がアイヌであることは日本の東洋史学会では通説となっている。**また、少数意見としながら**亦里于**（ウイルタ）**は系譜的にはアイヌ民族につながる集団だと思っているの**だそうです。中村氏の他に誰がそのようなことを言っているのかは書かれていません。

江戸時代に樺太や黒竜江を探検した間宮林蔵は、主に南樺太に住むアイヌと、北樺太に住むウイルタ（アイヌは彼らをオロッコと呼んでいました）について、ウイルタはトナカイを飼う遊牧民で漁猟を中心とするアイヌとは言葉も違うとはっきり書いています（北海道にはトナカイはいません）。

さらに中村氏は、**骨嵬と亦里于が、同じ方向から吉烈迷の領域に入ってくるという記述に注目すると、骨嵬と亦里于は、宗谷海峡を越えてサハリン島に来たと思われます**、と述べていますが、『元史』にははっきりと「**東**」とあります。つまり、南北に長い樺太の北のウィルタも南のアイヌも共に黒竜江河口から見れば東になるので、宗谷海峡を超える必要などないのです。樺太のトナカイ遊牧民を擦文文化人の子孫だとするのはかなり妄想に近い発想でしょう。まして北海道で古墳文化を発達させた擦文文化人を、一年もかけてミイラを作り大きな棺に入れて祭る樺太アイヌの祖先とするなど、妄想そのものといっても過言ではないでしょう。

「**北海道からサハリンへ北上してくるアイヌの人たちと何度か戦ったと、『元史』に書かれ**

ている」というのは全くのウソです。

ウソその6　コシャマインの戦いと戦国時代の北海道（14〜15ページ）

1457年に起きたコシャマインの戦いである。この戦いのきっかけは、現在の函館の付近で、アイヌの少年が注文したマキリ（小刀）のことで和人の鍛冶屋と言い争いになり、鍛冶屋がアイヌの少年を殺してしまったことである。

前章で詳しく述べた通り「アイヌの少年」は全くのウソです。

また、当時の和人とアイヌの関係については〝「和人地」に見るアイヌ文化〟と題して、松崎水穂上ノ国町教育委員会事務局参事・主任学芸員がその文化および混住の実態を詳細に報告しています。つまり、従来考えられていたような〝和人対アイヌ〟という単純な構図でこの事件は語ることができないということを心に留めておきましょう。

マキリ（小刀）というアイヌ語が、東北地方のマタギ言葉と共通であることから、アイヌは東北地方にも広く先住していたという大ウソが最近よく目につきます。

藤原相之介著『日本先住民族史』（大正五年）を引用しましょう。

アイヌ等の所持する小刀をマキリといふは奥州詞なれば、奥州人よりアイヌに賣り渡せしことは明白なれども其の元名は、タムなり。石狩川上にタムシュマあり、石刀の意。高さ三四丈もあるべし其の形マキリの柄鞘を立てたるが如しアイヌのいふタムはアイヌの祖先なるポイヤウンベ功頌の歌詞にも見え、…樺太アイヌも古へより所有すといふからは是亦靺鞨より傳來せし物品ならん。但し靺鞨傳來のタムは鈍く、日本製のマキリは斬鮫の鋭利あるを以てマキリの名遂にタムの名を壓倒したりけん。マキリの詞のみ廣くアイヌの間に行はれてタムの詞を知るもの稀なり。…元禄九年八月朝鮮人李先達等八人禮文尻島に漂着し、又宗谷に漂着し衣服を以てマキリの鞘と交易し所持しけるにより朝鮮にて其の刀を何といふかと問ひしにタムタオと答へし由、當時の記録に見えたりタムタオは蓋し短刀の音なりアイヌ語のタムは朝鮮語にあらずと雖も元來大陸より來りたる詞なるべし、又アイヌは弓をクーといひ樺太のオロッコ人種はクンといひ、クーともいふ、支那音もクングなればアイヌの祖先大陸より移轉の時、携帯せし武器にやあらん云々。

要約

アイヌたちが所持する小刀をマキリというのは奥州（今の福島以北の本州）の言葉なので、これは奥州人がアイヌに売り渡したものであることは明白である。小刀の本来のアイヌ語はタムである。石狩川上流にタムシュマ（旭川市忠和）があり石刀の意味である。高さ九〜十二メートルもあり、その形はマキリの柄鞘をたてたようであり、アイヌのいうタムはアイヌの祖先から伝わるユーカラであるボイヤウンべの歌詞にも見える。……樺太アイヌも古くより所有するというのであれば、これは靺鞨より伝来したものであろう。ただし靺鞨伝来のタムは鈍く、日本製のマキリは切れ味がよいので、マキリの名がタムの名を圧倒したのである。マキリのことばのみ広くアイヌの間に行われ、タムの言葉を知るものはまれである。……元禄九年（一六九六）朝鮮人李氏ら八人が礼文島へ漂着し、また宗谷に漂着し、衣服とマキリの鞘を交換した際に、朝鮮ではその刀（マキリ）を何というかとたずねたところ、〝タムタオ〟と答えたと当時の記録に見える。タムタオは短刀の朝鮮語の発音であり、タムは朝鮮語ではないとしても、元々大陸よりきた言葉だろう。またアイヌ語で弓を〝クー〟といい、樺太のオロッコ（アイヌからの呼び名、ツングース系のウィルタのこと）は〝クン〟または〝クー〟という。中国語の発音も〝クング〟であることからアイヌの祖先が大陸より移動してきたときにもってきた武器だろう。

いかがでしょうか、大正六年（一九一六）当時はアイヌ語に〝タム〟という言葉が残っていたのですね。しかも、弓といった最も基本的なアイヌ語も北方民族であるツングース系のニブヒの言葉であったのです。今はこうした文献はすべて無視されて、全く根拠のない〝アイヌ先住民族〟一色に塗りつぶされてしまっています。

ウソその7　シャクシャインの戦い（16～17ページ）

前章で詳述しましたので省略しますが、サケと米の交換比率の変化は主に本州での不作による米価の高騰が原因であったこと、幕府は米相場が理解できないアイヌのために交換比率を一定にしたことに触れられていません。

欄外に〝**和睦とだまし討ち**〟とあり「**和人側から言葉を尽くした和睦をもちかけられると、礼儀を重んじたアイヌの人たちは威儀を正して和睦の儀礼の席に臨んだ。滞りなく儀礼が終わり、酒宴の席になり緊張がほぐれたところをだまし討ちにされた**」とありますが、そもそもシャクシャインは酒宴の席のオニビシをだまし討ちにし、松前藩に使いに行ったオニビシの部下が病死したのを、松前藩に殺されたとウソの大宣伝をして、敵対していたオニビシ一派を味方につけた経緯に触れられていません。

現在、広く紹介されているシャクシャインの乱の経緯は『津軽一統志』という津軽藩の情報収集に基づいて書かれたものです。

一方、先にも触れましたが、江戸期の北海道を知るうえで一級資料とされる『東遊雑記』は、幕府巡見使に随行した古川古松軒が書いた紀行文ですが、シャクシャインの最期について〝だまし討ち〟とは全く異なった記述になっています。

原文のまま紹介しましょう。

此時松前侯の臣佐藤権左衛門とて知勇ある士也先達て此事をはかりて漁士の躰にやつして蝦夷の地に至りて色々と才覚してシャムシャインの卒と戸切知におひて松前侯の勢と戦陣在し時相図を定てシャムシャインか陣所へ夜中忍入てシャムシャインを差殺し首をとりて松前侯の陣に遁れ帰る此勢ひに乗して夜討にして蝦夷人を討取る事三千余人是よりして夷人枩前侯の武威に恐れてふたゝひ枩前の地にいたらすして今以て枩前侯の定法に應せさる夷人なしと云也

現代文

このとき松前侯《こう》の臣佐藤権左衛門とて知勇ある士也《なり》。先達《だっ》て此事をはかりて漁士の躰《てい》にやつして蝦夷《えぞ》の地に至《いた》りて色々と才覚してシャムシャインの卒《そつ》（的場注：下級の兵）と戸切知《へきりち》において松前侯の勢《せい》と戦陣在《あり》し時相図を定《さだめ》てシャムシャインが陣所へ夜中忍入《しのびいり》てシャムシャインを差殺《さしころ》し首をとりて松前侯の陣に遁《のが》れ帰るこの勢ひに乗じて夜討《うち》にして蝦夷人を討《うち》取る事三千余《よ》人是《これ》よりして夷人松前侯《まつまえこう》の武威《ぶい》に恐れてふたゝび松前の地にいたらすして今以《もっ》て松前侯の定法に応ぜざる夷人《いじん》なしと云也《いうなり》

重要なのでもう少しわかりやすくまとめます。

このとき松前侯の家来に佐藤権左衛門という知勇ある者が、このことを予想して前もって

漁師に変装してアイヌの地に入り色々工夫してシャクシャインの下級兵士と計って、戸切知で松前軍と対峙するシャクシャインの陣に夜間忍び込んでシャクシャインを刺殺した……というのです。

古川古松軒が函館に行った時には、佐藤権左衛門の孫が名を継いで、アイヌの監視役になっていたというのですから、その功績が大きく評価されたものと思われます。

先にも述べた通り、酒宴の席のオニビシをだまし討ちにしたようなずる賢いシャクシャインがノコノコと松前藩の罠にかかるほど愚かではないでしょうから、私は『東遊雑記』の記述が正しいように思っています。

〝和睦を持ち掛けて酒に酔わせてのだまし討ち〟と〝知勇すぐれた家臣の決死の働き〟では松前藩に対する評価はまるで正反対になってしまいます。

いずれにしてもこのような重大な事件については、両説を公平に紹介することが大切です。

シャクシャインの乱で殺された和人の数

小学生用副読本もそうですが、シャクシャインが松前を目指して攻め上る時に犠牲になった多くの和人について全く触れられていません。犠牲者数も諸説ありますので紹介しておきましょう。

松浦武四郎『東蝦夷日誌』本文は「松前家交易船の東部に下るを襲ひ、船頭・水夫の寐首を取て、人數四百餘人を殺し、荷物を奪ひ、其勢に乗じ松前に攻上がらんと出立し…」とあり、犠牲者が四百人以上としています。

『新撰北海道史』は「東蝦夷地で百二十人（此内士三人）、西蝦夷地に於いて百五十人（此内士二人鷹匠三人）計二百七十三人」としています。

鵡川町郷土史研究会会長の土井重男氏が同会発行の『鵡川3号』（平成二十四年）に詳細かつ正確な調査結果をまとめています。その一部を紹介します。

寛文九年（一六六九）六月初旬、シブチャリの首長シャクシャインは、全蝦夷地のアイヌの人々（以下、アイヌ）へ蜂起を促した。これに応えイブツ（むかわ町・厚真町）サル（日高町・平取町）のアイヌは、同年六月十四日シコツ十六場所の一つイブツの前浜（苫小牧沖）に停泊する松前氏所有の御手船を襲撃し、お抱えの鷹侍（鷹匠）を始め、船頭や水夫ら十二人を殺害し「寛文蝦夷の乱」が始まった。

シブチャリから松前を目指したシャクシャイン軍は商船十九隻を襲い、行軍の沿道では略奪を行い、東西蝦夷地に住む和人が攻撃された。大半が老人婦女子ら非戦闘員で士卒は僅か五名であった。犠牲者の総数は三百五十五人に上る。

さらに土井氏は両軍の兵力について、以下のように述べています。

シャクシャインはシブチャリ以東に存在する金山との関係も深く、「寛文蝦夷之乱」では二十七丁の鉄砲を所持していた。因みに松前藩は十六丁であった。乱で松前は津軽・南部の両藩と野辺地の豪商からそれぞれ鉄砲を借り受け、二門の大砲と七〇丁の鉄砲で乱を鎮定している。

オニビシの親和人に対し、シャクシャインはシベチャリ以東の領域に和人を一歩も入れず、侵入しようとする者は厳しく罰するという排和人の姿勢を固執したという。このことは砂金採取地の秘密性とも関係し、砂金の保持蓄財・秘匿ということがあったかもしれない。松前を凌ぐ多量の鉄砲を所持していたことは、砂金との濃密な関係が存在したことは間違いなさそうである。

『福山秘府』はシャクシャインの乱を語る書籍によく引用されていますが内容の欠落が多く、ほとんど権威づけのためのお飾り程度で、本文を直接引用したものは見かけることがほとんどありません。しかし、この乱のはじめの頃の東蝦夷地の犠牲者数を「害人貳百七十有余人」としており、これを西蝦夷地の犠牲者百五十人に加えると、四百二十人となり、松浦武四郎の報告に近くなります。

シャクシャインの乱によって殺された和人が四百人を超えている事実に全く触れずに、事実かどうかも疑わしい〝だまし討ち〟説をあげるのは公正な記載とはいえません。

話は逸れますが、『福山秘府』には「シャクシャインと申者之妻女八十余にて…」の記載があり、当時豊かな酋長でも妻妾の数は二十人前後であったことから考えても、その鉄砲の数もさることながら大名以上といえるほどの力をもっていたものと思われます。

ウソその８　場所請負制成立とクナシリ・メナシの戦い（18～19ページ）

それまで、生産者・交易者であったアイヌの人たちは、漁場の働き手としてかり出され、狩猟や漁労、交易など、アイヌ本来の生活をすることが困難になった地域が和人地の周辺で見られるようになった。

「アイヌ本来の生活」つまり、酋長やその一族が所有する妾や下僕は、酋長の縄張りで働かされたり、あるいは商品と交換されたりしていたことには触れていません。武器ももたない商人に逞しいアイヌの男たちが唯々諾々とこき使われるにはそれなりの理由があります。それは酋長の命令であり、酋長と商人の取引の結果なのです。酋長の命令さえあればシャクシャインの乱のように四百人以上もの和人を殺すことなどアイヌにとっては簡単なことだったのです。

１７８９年、国後島とその対岸でアイヌの人たちが立ち上がり、ひどい振る舞いをしてい

た和人たち71人を殺害した。「クナシリ・メナシの戦い」である。

これは単に和人商人たちに不満を抱いたアイヌの若者たちの和人虐殺略奪事件であり〝戦い〟ではありません。七十一人もの和人を殺害したのですから首謀者が処刑されるのは当然であり、酋長のツキノエもそのことをよく理解していた結果が三十七人の処刑だったのです。このとき、酋長のツキノエが留守だったことにもぜひ触れておくべきでしょう

当時一時帰郷することになった出稼ぎに来ていた和人男を恋い慕うアイヌ女の都々逸《どどいつ》まで残されていますから、この地域にも和文化は浸透していたのです。

欄外〝失われた千島アイヌの民族文化〟…１８７５年の樺太・千島交換条約で千島列島が日本領になると、千島アイヌは強制的に移住させられ、明治政府による同化政策が実施された。

この条約によって、国籍の自由選択権を与えられた千島アイヌの多く、特に択捉島より北のアイヌは殆どがロシア国籍を求めて島を去りロシアに帰属しました。彼らはその後コサックの奴隷として売り払われたという悲惨な運命をたどります。

政府は占守島《しゅむしゅとう》が日本の領土に属して以来、残留したクリル人（千島アイヌ）百六名に対し三年毎に五千円の金品を与え保護しました。年間一人当たりに換算すると十六円弱（当時の教員年俸が十円）という莫大なもので、この過保護によって、「酒は男女共に嗜んだ。未だ財貨

の價値を覺らない彼等は、酒の前に何物も惜しまなかつた。……彼らは殆んど稼がなくても生活が出來た」（『北海道舊土人保護沿革史』）という状況でした。この手厚い保護は色丹島移住の後も続けられ、一時は牧畜の指導もしましたがうまくゆかず、結局漁船と漁網、さらには狩猟道具を補助し、彼らの生活を立ち行かせたのでした。ゴロウニンの記載にもある通り、彼らは以前よりコンパスを使用し、自由に千島を往来することができたため、家に残る女性人口は一定でしたが、男性人口は色丹島での調査開始時の二十五名（女四十名）から時には六名、また時には十四名と増減を繰り返していました。

また、移住の理由としては、「絶海の孤島であるから警備が行届かず、時折外國の密獵船が來航して、島民を苦しめた。……殊に島民は、漁獵の民たるが故に居住常なく、或時は三十名となり、或時は九十名となつて撫育の標準すらも立ち兼ねた」（同書）とあります。外国船が千島列島の住民へ与えた最も大規模な被害は、露米会社のフヴォストフが、一八〇六年・一八〇七の両年に行なった襲撃でした。彼らは米・什器・衣服などを掠奪し、部落や舟を焼き払い、このため島民が餓死したという記録が残っています。これほどではないにしても、小規模な海賊行為がその後も横行していたのでした。

日本国政府は色丹島移住後、十年間にわたって毎年千八百円（一人当たり二十円）もの大金をつぎ込みましたが彼らは独立自営にいたらず、さらに五年間延長するも功なく、ついに昭和六年まで、実に五十七年間もの長きにわたって彼らに対する救護政策は継続されました。

明治政府は彼らに日本語で読書と算術を教え、また彼らの宗教を尊重してロシア正教の宣教師を島に派遣したり、東京神田のニコライ教会堂関係の学校へ子女を留学させて高等教育を施そうと試みたりしています。

また先にも述べたように、彼らの呼称はロシア名であり、例えば酋長はアレクサンドル・チウルイというぐあいで、邦人に通ずる姓名をもたず不便であったため、明治四十三年根室支庁長の色丹島巡視の際、クリル人より改名の願い出を受け入れ、苗字を与え、以後の出生に関しては和風の命名をすることになりました。

昭和八年の住民調査では戸数十四戸（十一戸の世帯主は女）、人口四十一人（男十四人、女二十七人）でした。先にも述べましたが男子人口減少の原因は、クリル人の男は北千島、カムチャッカ方面へ出稼ぎして帰らぬ者が多く、また暴飲泥酔して死亡する者が多かったとしています。女性世帯主は和人を夫とし、この時点で純粋なクリル人は十数名であったと報告しています。

ちなみに戦後、彼らおよびその子孫は根室などに移住して農民になりました。昭和三十年代、村崎恭子氏（北海道大学教授・横浜国立大学名誉教授）は当初、千島アイヌ語を研究しようと、千島アイヌの一人一人に会って調査しましたが、一語も採集できなかったと報告しています。

ウソその9　高床式の倉（21ページ）

倉は高床式で、ネズミ返しを持っていた。高床式の倉は近世の日本列島では、琉球文化圏とアイヌ文化圏においてのみ見られる。

高床式といわれる建築様式は弥生時代から日本に広く受け継がれているもので、北海道のほとんどの神社建築はこの様式です。また、古い神社に付属する倉庫や、平成の末頃まで札幌市の中心部にあった旧家の大邸宅の敷地内の倉庫にもみられました。

ウソその10　写真V―1：江別に強制移住させられた樺太アイヌの人たち（22ページ）

この副読本の最も悪質なキャプションの改竄です。この一事をもってこの副読本の配布をただちに中止、さらに回収破棄すべきと文部科学大臣は通達すべきです。

本書5ページの写真2は副読本に掲載されているものです。写真の出典は巻末に「北海道大学図書館」とあり、あえて出典を隠す悪意が現れています。

本書5ページの写真3をご覧ください。北海道庁が昭和十一年に出版した『新撰北海道史』（第一巻）の一三四ページに掲載されている写真です。これは筆者がたまたま発見し、昨年末からネット上に公開したものです。

説明文を現代仮名遣いとルビを加えて読んでみましょう。

「第三十一図版　対雁《ついしかり》在留樺太土人」（右横説明）。

「明治八（一八七五）年、樺太・千島交換条約後、樺太の土人八百数十人帰化を望み、開拓使は之《これ》を石狩川沿岸の対雁に置いて、農業教授所、漁場等を与え、篤《あつ》く之を保護することとした。図はその一集団を表示せるもの」

副読本にある説明は悪質な捏造です。彼らは日本人としての〝帰化を望み〟樺太から北海道へ保護を求めて来たのです。

当初、樺太は日本とロシアの入会地のようになっていました。この条約以前、樺太は一応日露両国の管轄領域は設定されていましたが、ロシアは南下圧力を強めていたのです。

文久二年（一八六二）当時、日本管轄下で罪を犯したトコヘンというアイヌが逮捕を逃れるために知り合いのロシア人のもとに行きました。日本側は犯人の引渡しをロシア側に要求しましたが聞き入れず、彼を厳寒期にも犬皮一枚を着せるだけで奴隷として使ったため、彼はこれに耐え切れず日本側へ逃げ帰って逮捕されたという記録もあります。

その暴虐非道は一般のアイヌにも及び、彼らを強制使用し、逃亡を企てるものは銃殺と脅し、日本人との交流を禁じることもありました。

このような状況下で、明治八年（一八七五）の樺太・千島交換条約によって、樺太アイヌは日露どちらかへの帰属を自らの意思で決定したのです。

この間の事情ついてはロシア人作家チェーホフの『サハリン島』（岩波文庫）に詳しい記載があります。これによれば、樺太アイヌは和人の請負人の下に主に昆布漁を行い、「夏には絹の寛衣《ガウン》を着てゐ《い》た」「早くから樺太アイヌの主食は米であり、残留アイヌたちも米を求めてマツマイへ移住し始めた」ほどの豊かな生活をしていたが、樺太もロシア領になって以後、アイヌの虐殺事件や婦女への凌辱事件も起り、日本人の退去と共に、もはや誰一人魚を獲る者はなく、稼ぎはなく、北方のギリヤークに奴隷として売られたアイヌ女性は犬以下の扱いをうけ、アイヌは飢えを経験するようになったという状況で、残留アイヌも貧困のために北海道へ移動し続け、その数は半減したといいます。

開拓使は日本への帰属を希望した樺太アイヌ（百余戸、八百四十一名）を一旦宗谷へ落ち着かせたものの、自然環境が厳しく生活維持は困難であり、また彼らを樺太付近に置くことは国際紛争の元となることを恐れ、石狩の対雁《ついしかり》へ移住させることにしました。

ロシアが自国の少数民族保護と称して国境を越えて兵を進めるということは、ごく最近ウクライナ領へ行われていることを思えば、強国ロシアを恐れる開拓使の判断は当然でした。

開拓使が提示したこの移住に樺太アイヌたちは異議を唱えたため、酋長格十人が江別太を実地踏査して結果がよければ応ずることになりましたが、結局彼らは移住を拒否し、開拓使はさらに厚田・石狩の漁場を与えることによって、はじめて双方の合意が得られたのでした。

樺太から宗谷への移住は彼らの自由意思に基づいて、宗谷から対雁への移住は双方の合意に基づいて行われたというのが事実です。

当時の写真撮影は今のように一瞬で終わるものではなく、一定時間同じ姿勢を保たなければならないものでした。強制連行された人びとが長時間同じ姿勢を保つことなど考えられません。この写真こそが強制連行を否定する何よりの証拠なのです。

ウソその11　アイヌ民族の日本への統合と北海道の開拓（22〜23ページ）

アイヌ民族を「旧土人」と呼び、和人とは差別し続けた。成人の印とされた女性の入れ墨や男性の耳飾りなどの伝統的な風習を非文明的と見て、アイヌ民族の言語や生活習慣を事実上禁じた。さらに、日本人風の名前を名乗らせ、日本語の使用を強制するなどの同化政策を行い、和風化を強制した。（22ページ）

小学生用副読本の中で紹介した違星北斗と共にアイヌ協会を設立したと称えられている幕別の吉田菊太郎氏の『アイヌ文化史』（昭和三十三年）の一節を紹介します。

現行の北海道旧土人保護法の上ではアイヌ人のことを旧土人と呼んでゐるが是は救《きゅう》恤《じゅつ》（的場注：ルビ著者、憐み救うこと）を行ふ場合に於ける一般和人に対する事実上の区別に過ぎない。故にその族籍上に於ても其の他法令上に於てもアイヌとか土人とかの区別を表したものは一つとしてなく正しく日本人であり社会人である。一般人同様憲法上に保証されたる権利を享有し得るのは言ふ迄もなく国民に負担されるすべての義務に服するのである。要するに両者の差は土人と言ひ和人と言う天来の血族に停まるのである。

昭和三十三年の時点で自らアイヌ系日本人である吉田氏は、旧土人保護法の「旧土人」をこのようにとらえていたのです。著者の知る限りにおいて、旧土人保護法を差別的法律ととらえられるようになったのは、著者が北海道大学に入学した昭和四十八年（一九七三）頃からだと思います。ちょうどこの年に太田竜著『アイヌ革命論』が出されています。その約三年後には八十名以上もの死傷者を出した道庁爆破事件（昭和五十一年三月二日）で、東アジア反日武装戦線という過激派から以下のような犯行声明文がだされ、アイヌが過激派闘争に利用されていることを知らされました。

すべての友人の皆さんへ。私達日帝本国人は　アイヌ　沖縄人民　チョソン人民　台湾人民　部落民　そしてアジアの人民に対する日帝の支配を打ち砕いていかなければならない。カナジミ《ママ》からの「反日闘争に呼応していかなければならない。一切の思い上りを捨て、自己を変革し我々の反日戦線を鍛え上げ、拡大して行こう。道庁を中心に群がるアイヌモシリ（北海道はその一部）の占領者共は第一級の帝国主義侵略者である。日帝は国力増強を目的としてアイヌモシリ植民地経営を推し進め　モシリのすべてを強奪し墓石　アイヌ絶滅を企てて来た。日帝は戦争遂行のため　北海道　サハリン　千島にも無数のチョソン人、中国人を強制連行し 奴隷労働をさせ 多くを虐殺してきた。道庁はその先頭に立って北方領土返還運動を推進してきているが、アイヌは北海道 サハリン 千島は アイヌ ギリヤーク オロッコの母なるモシリ（大地）である、と主張している。侵略占領者である日本とソ連こそが北海道 サハリン 千島の全領域から撤退せねばならないのだ。日本の立場を支持する中国毛沢東一派は大きな犯罪を犯しているのだ。

的場注：＊チョソン人民＝朝鮮人民 ＊カナジミ＝悲しみ

この二つの引用をじっくりと読み比べてみてください。現在のアイヌ協会を主導する人たちがどのような思想の延長上に活動し、そして歴史を捏造しながら、子供たちにこのような副読本を与えて洗脳しようとしているか、みなさんはお気づきになったと思います。

旧土人保護法

今から十二年前まで、明治三十二年（一八九九）に制定された北海道旧土人保護法について、〝土人〟あるいは〝旧土人〟という言葉自体が差別語であり法律も差別法だと、アイヌ団体や在日朝鮮人そして鈴木宗男・今津寛両衆議院議員によって盛んに宣伝され攻撃されました。私が月刊誌『正論』や拙著『アイヌ先住民族、その真実』などで、昭和二十年後半まで〝土人〟

は差別語ではなく「その地に住んでいる人」という意味であり、また〝旧土人〟については、幕末すでに北海道に住んでいた八万六千人の和人とアイヌ一万五千人（松浦武四郎の安政人別：松浦武四郎が報告した現在でいうところの戸籍、ただし和人人口には人別帳にのらない多くの被差別部落民や無宿者が別に多数居住していたといいます）を併せて土人とし、特にさらに保護の対象となるアイヌを〝旧土人〟と定めたもので、差別ではなかったことを説いて大方の同意を得ることができました。これを差別だと叫ぶ人は一時いなくなったのですが、この頃になってまた復活しています。そもそも、北海道旧土人法の制定を求めて帝国議会に陳情したのはアイヌの人々であり、さらにその廃止を最後まで反対したのも北海道ウタリ協会（現北海道アイヌ協会）なのです。アイヌの人たちが中心になって出版した『アイヌ史』（北海道ウタリ協会）や『古潭の痕跡』（旭川人権擁護連合委員会）さらには北海道庁の出版物である『北海道旧土人保護法沿革史』にはっきりとその経緯が書かれています。

アイヌの伝統的習慣の禁止

明治政府が禁止したアイヌの習慣については前章の小学生用副読本の項でも述べましたが、そこで触れなかった部分について補足します。

日本版奴隷解放

アイヌの酋長やその一族は、ウタレ（男の半奴隷・下僕）とチハンケマチ（妾）を所有し、働かせることは、もちろん時には売買されたり、結納として差し出されたりする身分制度がありました。明治政府はこうした人たちを解放して、等しく平民としたのです。これはアメリカの南北戦争中にリンカーンによって行われた奴隷解放宣言（一八六二年）とほぼ時を同じくする日本版奴隷解放宣言ともいえる画期的なものでした。しかしアイヌ女性の入墨同様、これを徹底させることはできませんでした。また江戸幕府は、酋長による若い女性の独占がアイヌ人口減少の原因と考え、妾の数を三人に制限しましたがなかなか守られなかったようで、明治になっても酋長の妻女の数は六人まで黙認したようです（名取武光『アイヌと考古学』）。

余談ですが日本における奴隷解放で忘れてならないのは、明治五年（一八七二）のマリア・ルス号事件があります。マカオから南米ペルーに向かっていたペルー船籍のマリア・ルス号が修理目的で横浜港に入港した際に、奴隷運搬船であることが発覚し、時の外務大臣副島種臣は人道主義に基づき二百三十人の清国人を救出させたものです。当時開国したばかりの日本のこの措置に対してペルー政府は翌年、日本に謝罪と賠償を求め両国間の紛争に発展しました。ロシア皇帝アレクサンドル二世によりサンクトペテルブルクで開かれた国際仲裁裁判は、明治八年（一八七五）「日本側の措置は一般国際法にも条約にも違反せず妥当なものである」とする判決を出してペルーの主張を退けました。

野蛮な葬礼の禁止

明治政府が禁じた伝統的風習の中にアイヌ式葬礼があります。

アイヌは一家の主人や主婦、老婆が亡くなると、地下の世界に行く故人に不自由のないように家財もろとも家を焼いて移住する習慣があり、これがアイヌの貧困の大きな原因と考え禁止した江戸幕府同様に明治政府も禁止しました。

また、埋葬から帰った遺族を傷つけたり、夫を亡くした妻の悲しみを救うために意識が失くなるまで打ちつけるメッカウチも禁止しました。

その他、ウカリといって罪を犯した男を棒で殴りつける刑、サイモンといって罪を犯した女の手を熱湯に入れる刑などを禁止し、日本国の法律よって平等に裁かれるようにしたのです。

和風の名前については、中学生用の副読本しかおもちにならない方もおられると思いますので重複しますが、触れておく必要があると考えますので再掲します。

これとは少し趣《おもむき》が変わるかもしれませんが、戦前そして戦後に朝鮮半島から渡って来た在日朝鮮の人たちが、韓国や北朝鮮の戸籍上の名前ではなく通名《つうめい》といっていくつもの日本人の名前を使い分けて、犯罪の温床《おんしょう》になっているのですが、これも別に通名を日本政府が強制しているものではありません。そもそも通名の始まりは日本統治下の朝鮮半島の人たちが、満洲に出かけた際に朝鮮名だと支那人に馬鹿にされるので日本名が欲しいと訴えたことから始まったものです。

結局アイヌも朝鮮人も、日本にいる限りは使い勝手の良い和風の名前を使用し続けているということに過ぎないのです。現に旭川アイヌ協議会会長の川村兼一さんは、アイヌ関連の集まりでは川村シンリツ・エオリパック・アイヌと自己紹介しています。また阿部一司北海道アイヌ協会副理事長は、〝21世紀自主フォーラム〟という北朝鮮の思想を広める団体の活動では阿部ユポと自己紹介しています。また東川・美瑛においてニセ人骨ニセ墓穴で反日石碑を建立しようとしていた殿平善彦さんの催し（平成二十五年八月）に川村兼一さんと一緒に出席していた札幌の石井由治さんは、令和元年（二〇一九）十二月二十一日に札幌市で、皇室や自民党政治家さらには保守評論家や原爆被害者の写真を燃やす展示で問題になった〝北海道・表現の自由と不自由展〟の開会式に朝鮮民族衣装を着た二人の女性を従えて石井ポンぺと名乗ってアイヌ式の祈り〝カムイノミ〟を主催《しゅさい》していました。日本政府は強制的に彼らの名前を奪ったことなど一度もないのです。

ウソその12　強制移住

1875（明治8）年、明治政府はロシアとの間で樺太・千島交換条約を締び、樺太や千島に住んでいたアイヌの人たちを強制的に北海道や色丹島《しこたん》に移住させせた。移り住んだ人たち

は急な生活の変化や病気の流行などに苦しみ、多くの人が亡くなった。（23ページ）

先にも触れましたが、樺太アイヌは山丹人との交易で負債に喘いでいたものを幕府が借財をアイヌに代わって弁済し、その後は運上屋の指導の下に漁業を行い、非常に豊かな生活になりました。

明治八年（一八七五）の樺太・千島交換条約によって、樺太アイヌは日露どちらかへの帰属を自らの意思で決定したのです。この間の事情ついてはロシア人作家チェーホフの『サハリン島』（岩波文庫）に詳しい記載があることは先に紹介した通りです。

また、江戸末期から明治初期にかけて日本国中に天然痘とコレラが蔓延し、アイヌだけではなく日本人も犠牲になりました。江戸末期にコレラが持ち込まれた安政五年（一八五八）にはわずか五十五日の間に江戸の人口の十七％（二十六万八千五十七人）の犠牲者がでたという記録が残っています。『北海道百年』（北海道新聞社）によると、本道では明治十年の西南戦争帰りの屯田兵によって当時九州に流行していたコレラが持ち込まれたといいます。この年の罹患者百二十七人中死亡者は九十三人、死亡率七十三％（全国では一万三千七百十人中死亡者七千九百六十七人、死亡率六十二％）です。明治十九年には死者二千百五十五人を出しました。

国際交流が盛んになると他国で生じた疫病が国内に持ち込まれることは、現在の武漢肺炎（新型コロナウイルスによる肺炎）の世界的流行をみてもよく理解できると思います。

詳しく先にも述べましたが、クリール人（千島アイヌ）については択捉《えとろふ》島以北のアイヌはロシアに帰属しましたが、政府は占守島が日本の領土に属して以来、残留したクリル人百六名に対し三年毎に五千円の金品を与え保護しました。

ウソその13　土地私有を認めない

＊政府・道庁は、アイヌの人たちが土地の売買の手続きなどに不慣れなことから、財産の管理をする能力がないと決めつけ、アイヌの人たちには土地の私有を認めなかったのである。（24ページ）

小学生用副読本の章でも触れた通り、アイヌに与えられた土地は和人商人たちに、酒や烟草の対価として取り上げられてしまう現実を見かねて道庁の役人たちが取り戻し、表向きアイヌの酋長を代表として共同で管理する組合を作ったりしました（実務は道庁職員が担当）。商人たちはアイヌを唆《そそのか》して個々のアイヌにその土地を取り戻させ、それをまた取り上げるということまでしたのです。見かねた役人が今度は自分の個人名義にしてアイヌの土地を預かり多くの財産を蓄えて、新たに組合を作り全てアイヌを代表とする組合に引き渡すということすら行われました。東北学院大学の名誉教授は北海道新聞に、この間の経緯を誤解して道庁役人がアイヌの土地を取り上げたという記事を書いていました（詳しくは拙著『アイヌ先住民族その不都合な真実20』参照）。

＊和人に与えられた肥沃で広大な土地に比べると、アイヌの人たちに与えられた土地ははるかに狭く荒れたものであった。湿地や傾斜地などはじめから農地に向かない土地を与えられた結果、農業に失敗して土地を取り上げられたアイヌの人たちが多くいた。（24ページ）

アイヌに与えられた土地は多くの場合酋長が一括管理し、これを和人入植者に貸与して開墾させ小作料を酋長が集めてこれを一族に配分することが行われていましたが、その配分は不公平なもので酋長一族は豊かな生活をする一方で、身分の低かったアイヌは貧しい生活を強いられました。実際に汗を流して開墾したのは和人であったことは強調しすぎることはないでしょう。

名寄アイヌの北風磯吉などは広大な土地を所有し多くの和人小作人を抱えていたことが名寄市北国博物館の資料で確認できます。故人になられましたが北海道遺族会会長であった旭川市の桜岡勝三さんのお祖父さんたちも、こうして開墾にご苦労されたということをお聞きしています。

また、和人に与えられた土地は特に広大だったわけではありません。アイヌも和人も同じように五町歩（約五ha）です。屯田兵はこれより少なく三町五反でした。これ以上の土地は有償であり北海道開発やアイヌ撫育のための財源として用いられたのです。

ウソその14　日本語と生活習慣の強制

＊教育の特徴としては和人児童とは別にされ、「土人学校」と呼ばれた特設アイヌ学校が設置された。学校では、アイヌ語やアイヌ風の生活習慣が禁止され、日本語や和人風の生活習慣を身につけることが強いられた。（24ページ）

『北海道教育史』（北海道教育史編纂専門委員会）によると、アイヌ子弟の教育は困難を極めたことがよくわかります。

第一に父兄が家事の手伝いをさせるために子供たちを学校へ行かせたがらない。これには日当を与えて就学させる措置までとりました。日本政府は併合した台湾や朝鮮半島でも、子供たちに文字を教えるために同様にしました。

第二にアイヌは朝起きるのが遅く、朝食もとってこない場合が多く就学時間に間に合わないので、始業時間を遅らせて給食を施すなど、現場の教師は大変な苦労をしたのです。

第三に入浴の習慣のないアイヌには寄生虫や皮膚病が蔓延していて、清潔を保つことを教えなければならず、現場の教師はアイヌ子弟に入浴を教えるために風呂を沸かして子供たちを待っていたましたが、入浴にこぎつけるまでに二年以上を要したという報告もあります。

第四にアイヌは入学に際して予備的な家庭教育がなされていないために、初期教育に十分な時間が必要だったという事情があります。

ウソその15　北海道アイヌ協会設立

＊アイヌ民族の活動も活発に行われるようになり、差別に対する批判、アイヌ民族が「昔ながらの」衣食住などの生活習慣を維持しているという偏見への批判、世間から「滅びゆく民族」とみなされる中で、萎縮せずに自立して生きていく道を探ろうというアイヌの人たち同士の呼びかけが行われ、「北海道アイヌ協会」がつくられた。（25ページ）

小学校用副読本でも紹介しましたが、アイヌ協会設立者は、アイヌの生活を改善させようと努力した道庁の役人であり、アイヌ系日本人からは「昭和のコシャマイン」とあがめられた喜多章明《きたまさあき》氏です。アイヌの人たちに推されて初代会長に就任したのも喜多氏です。『コタンの痕跡―アイヌ人権史の一断面―』（昭和四十六年）の喜多氏の寄稿によれば設立は昭和七年（一九三二）のことです。しかもこれを読めば明らかなように、喜多氏の指導を受けたアイヌの指導者たちの目標は、第一に生活の改善、同化の促進です。アイヌという出自の劣等感から逃れられない者は北海道を離れろとまで言い切っています。

ウソその16　戦前とは別のアイヌ協会

＊戦後すぐに、北海道アイヌ協会の設立準備がはじめられ、1946（昭和21）年2月には、

アイヌ民族の社会的地位の向上を目指し、戦前の北海道アイヌ協会とは別なしくみの新しい組織として、北海道アイヌ協会（**1961年、北海道ウタリ協会に改称。2009年、北海道アイヌ協会に改称**）**が設立された。**（26ページ）

戦前のアイヌ協会は戦後も残り、ウタリ協会と名を変えて踏襲されました。このことは『コタンの痕跡―アイヌ人権史の一断面―』の中で喜多氏が明言しています。

以下、まだまだ多くのウソが満載ですが、反論が重複しますので省略します。

第五章　教師用副読本の問題点

問題点1

1．〝アイヌ民族〟〝アイヌの人たち〟という表記について

本文中にアイヌ民族を指す呼称として〝アイヌ民族〟〝アイヌの人たち〟と2通りありますが、基本的に、明治時代以降の記述の中では〝アイヌ民族〟と表現しています。

著者の知る限りにおいては、明治時代の公文書では殆どが旧土人、もしくはアイヌ人です。アイヌ民族という呼び名の方が少ないように思われます。アイヌをアイヌ民族と呼びながら、一方で和人と表記するのは問題があります。

問題点2【補足説明】（7ページ）

アイヌ民族は文字を必要としない生活の中で口承による文化や歴史の継承をはかってきたが、明治以降、カタカナやローマ字でアイヌ語を書き表すようになり、現在では文字表記のできる言葉になっている。

文字を必要としない生活ではなく、文字がなかったということを素直に表現すべきです。江戸時代から志のあるアイヌが文字の必要性を感じて学ぼうとしたことが記録に残っています。

「歴史の必然として、文字を持つ民族と持たない民族が接するとき、後者は前者に吸収されてゆく」という西部邁氏の発言もぜひ授業では取り上げてほしい。

問題点3　板書例（8ページ）指導のポイント・【補足説明】（9ページ）

アイヌ語の地名

アイヌ語地名については金田一京助の発案を山田秀三が発展させたものですが、北海道の考古学の第一人者であられた吉崎昌一・河野本道両先生は以下のような理由で、時系列がすっぽり抜けており当てにならないとしています。つまり、擦文文化人が使用していた地名をアイヌが踏襲した場合、あるいは被征服者である擦文文化人の生き残り（主に女性であったろうことはアイヌ神話に痕跡が残っています）の言語がアイヌに一部踏襲された可能性があります。

以下に『蝦夷島奇観』の女夷文手図の著者の読みを紹介します。

女夷文手説

夷人傳へ云古コツチヤカモイといふ神ありて體四尺はかり手の長き神にて處々に住給ふ此神漁猟の術に通力を得給ひ土舍《トエチセ》に住給ふけるか夷らに魚獸の肉なとを其窓よりあた

ゑ賜りけるこの故に其漁猟の術をまなはんと近寄れは
教へ果さすして夷人等をきらひ給ふにや此地を去らセ給ふ
此神の夫人わきて美色なりしか手に色々の文理ありその
故に彼神の徳を慕ひ女夷等其状をうつし今に至るまで
文身すと古老の傳説なり此神住給ひたる旧址處々に
あり其土中より陶器の砕けたる又ハ玉の類ひ種々の寶
物を掘出す事ありとノッカマップ地名の酋長ションゴ語りき

また、知里真志保も山田秀三が社長を務める北海道曹達で開かれた講演会で本州の地名にアイヌ語を敷衍することに関して疑問を呈しています。ついでながら昭和三十年になっても八方言が採集されるほどであり、わずか三百人足らずの集落で独立した方言をもっていたという事実から、アイヌ語という一つの言語でくくるのは難しい。副読本の地図にある面積を、例えば同じ縮尺でインドシナ半島に当てはめてみるとわかりやすい。陸続きであっても多くの民族が存在することを思えば、海で隔てられたなかにアイヌ民族なる単一民族の存在は考えにくいという指導も必要です。

問題点4　板書例（10ページ）

衣服につけたアイヌもよう↓かざり、まよけの意味

アイヌが魔除けとして最も有難がったものは三つ巴文様であることに触れていません。

問題点5　【資料】（11ページ）

山丹貿易

蝦夷錦の交易をはじめとする山丹貿易において、三丹人にアイヌの子女が借金のかたとして取られたり、アイヌの下僕が絹一巻で交換されたという悲しい歴史にも触れておきます。また、函館奉行が三丹人に対するアイヌの負債を支払ってアイヌたちを自由にし、こうした不利の発生しないように以後三丹人との交易を運上屋に集約したことなども重要なのです。

問題点6　板書例（12ページ）

食べもの

交易のためにサケ・エゾシカなどの乱獲に触れていません。また、ラッコ・オットセイ・カワウソ・テンなどは殆ど絶滅したことも記載すべきです。

農耕についてアワ・ヒエ・ジャガイモ・トウモロコシなどが、いつ誰によってアイヌにもたらされたか重要な点が記されていません。

問題点7　指導のポイント（13ページ）

アイヌが塩漬けを行わなかった理由としてビタミン崩壊をあげていますが、和人との接触によって早くから塩を用いていたという文献もあります。また、塩漬けによるビタミン崩壊の根拠が不明です。そもそも物質としてビタミンを、初めて米糠からオリザニンを抽出、発見したのは鈴木梅太郎（一九一〇年）であり、時系列的にも矛盾しているのです。

問題点8　質問（13ページ）

アイヌ民族は必要な分だけしかとることはしませんでした。それはなぜでしょう。
これは明らかな嘘です。アイヌは交易や輸送手段、保存方法を得ると乱獲したこと教えるべきです。

問題点9　住まい（14ページ）

アイヌの家屋に門や塀がないのは、アイヌに土地を所有する概念がなかったことの証拠とされていることにも触れる必要があります。

家族の死に際しては家を焼き払って移動したことも触れるべきです。

問題点10　【資料】（17ページ）

現在の価値観においてイオマンテを行うのはどうなのか、子供たちに考えさせることが重要です。できれば部分的に皮をはがれた熊の頭部や木にかけられた内臓の写真も載せるとよいでしょう。

問題点11　歌と踊り（18ページ）

アイヌの人たちの本業について触れてほしい。アイヌになれば歌って踊っていれば食べて行けるという誤った価値観を子供たちに植えつけてはいけません。残念ながら現在、補助金やアイヌ予算にたかる専従民族アイヌが多いことも知らせるべきです。

問題点12　【資料】（19ページ）

アイヌの重要な儀式としての踊りが、地方によって呼び名が違うことの意味、つまり統一されたアイヌ民族などいなかったということを知らせるのも大切です。

せっかく知里真志保をあげたのですから、彼の〝アイヌ民族なる者はもういない、せいぜいアイヌ系日本人がいるだけだ〟という発言も紹介しておきましょう。

問題点13　指導のポイント（21ページ）

ムックリを使いまわして体験させることは、衛生上大きな問題です。

問題点14　指導のポイント（23ページ）

アイヌ語を話すことを禁止されたという事実はありません。文字のないアイヌ語が文明生活に不便だったためにアイヌ自身から顧みられなくなったということなのです。

問題点15　指導のねらい（25ページ）

アイヌは北海道や東北地方の先住者ではありません。和人がアイヌの生活を奪ったのではなく、江戸時代以降アイヌは積極的に和人文化を取り入れようとしたのです。文化ばかりでなく娘たちは和人と結婚したがり、北海道に流れてきた和人の男たちはアイヌ社会に歓迎されました。

また、明治以降も子のないアイヌ家庭では現在の価値に換算すると、二百五十万円から六百万円という高額な対価を支払って、和人の子供を養子にしたのです。

樺太アイヌ・千島アイヌの移住の実態を詳しく見れば強制移住ではありません。ロシア国籍を得たアイヌたちは、コサックの奴隷に売られたことを銘記すべきです。

問題点16　表題（**26ページ**）

1．縄文化からアイヌ文化へ

縄文文化とアイヌ文化を併記するのは誤解を与えます。

問題点17　年表（**27ページ**）

この年表の問題点は、アイヌ文化期を百年ほどさかのぼらせていること、並行してあった和文化が無視されていることです。

問題点18　【用語】（27ページ）

「**北海道では、縄文から19世紀後半まで、大きな人の移り変わりはない**」としていますが、墓制の断絶などをみると明らかに「大きな移り変わり」があったことがわかります。記録にあるだけでも一二〇五年に一千人規模、一六一九・一六二〇両年に合計八万人（アイヌ人口の四倍）の和人が金山めがけて渡っています。しかもその二十三年後には、和人男とアイヌ女の間にできた青年がオランダ人の水先案内人を務めているという記録もあるのです（詳しくは拙著『科学的〝アイヌ先住民族〟否定論』参照）。

問題点19　コシャマインの戦い（28ページ）

和人とアイヌが混住する館どうしの勢力争いの側面に触れていません。〝**自分たちの意思で自由に交易していた**〟のでは決してないのです。商品と引き換えに売られる下僕や女たちについての記載がありません。

問題点20　活動の流れ3　発問1（29ページ）

鍛冶屋がアイヌの少年を殺したという本文が誤りであり、その訂正をぜひ教師がするようにお願いいしておきます。

問題点21　【資料】〔オッカイとはどういう意味？〕（29ページ）

毛皮何十枚という高価なマキリ（三好文雄著『アイヌの歴史』）を少年が買えるというのでしょうか。あるいは大人が少年をお使いに出すというのでしょうか。現場の先生方には自分が買う自家用車の値踏みを子供にさせるかどうか考えてもらいたいです。

また、『福山秘府』をあげて少年を正当化しようとしていますが、江戸期の文献をみると〝少〟を「ワカイ」と読ませることが一般なのです。今でいう〝少年〟には「童」を当てています。

少し詳しく説明します。

十二年前に私に〝乙孩（オッカイ）〟は今でいう〝少年〟ではないと徹底的に論破されたのがよほどこたえたものと見え、くどくど説明してあります。

【資料】

〔コシャマインの戦いの直接原因〕

ウスケシ（函館のこと）のアイヌに攻められたこと。シノリの鍛冶屋の村には家が数百あった。１４５６年春、オッカイ（アイヌの少年のこと）が来て、鍛冶屋とマキリ（小刀）がよいか悪いか、値段のことで言い合った。鍛冶屋はマキリを取って、オッカイを殺した。このために、アイヌが戦いを起こした。（『新羅之記録』）

〔オッカイとはどういう意味？〕

シノリで殺された上記のオッカイとはどういう意味か。現在の北海道西部の辞典にはこの語は見られず、道東部では「男」の意味だとする。

ところで、この事件は『新羅之記録』（１６４６年）に「乙孩来て鍛冶に靡刀を打たしめし処、…」と記されている。同じ道南地方、同じ17世紀の書である諸史料では、オッカイの意味として「少年」（『アンジェリスの第一蝦夷報告』）「わらんべ（童）」（松前の言）とある。そして、それ以前には、アイヌ語単語の意味を記した史料はない。これは「少年のアイヌ」ということなので、コシャマインの戦いのおりのオッカイは少年と推測できる。ただし、この少年の年齢幅については、さまざまな見解が入る余地がある。

なお、18世紀になると「少年」のほかに「男」の意味も登場するが、この事件を解説した『福山秘府』には「按所謂乙孩者即言｢少年夷｣也」と記されている。

	⁶少年 (little) boy	²男 17. man, male
八	'ókkayohekaci	'ókkayo
幌	hekáci	'ókkayo
沙	hekáci	'ókkayo
帯	'okúnekaci	'ókkay
美	'okkay 'ekaci	'okkay
旭	'ekáci ; poró posta	'ókkayo(N), 'ókkay 'áynu(H)
名	'ókkayo 'ekáci ; 'opúsuske ; 'okúnnep〔悪〕	'ókkayo
宗	káynopo(10–12 歳); 'okkáypo(15–16 歳)	'ókkayo
樺	'ohkayohekaci(10–15 歳)	'ohkayo
千		okkai(122, 136)

図６　乙孩（オッカイ）服部四郎

この文章を科学的に診断します。

「現在の北海道西部の辞典にはこの語は見られず」とありますが、服部四郎編『アイヌ語方言辞典』にははっきりと（図6）示されており、これほど有名かつ最重要文献を確認しないはずはないのでこの記載はウソです。

次に

　『福山秘府』には「按所謂乙孩者即言」少年夷」也」と記されている。

を科学的に診断。

原文には確かに「按所謂乙孩者即言少年夷也」とあります。『福山秘府』が参考にした『新羅之記録』（函館市立図書館編）の当該部分には〝靡刀の善悪や價を論じた〟とあります。これだけでもう今でいう少年（子供）はないことがわかります。因みに『福山秘府』にも「乙孩争其美悪冶怒害乙孩」とあります。子供が大人の鍛冶屋を相手に出来不出来を争うことはありません。

次にこの時代、「少年」がどのように使われていたかを検証しましょう。


『松山秘府』

安永五（一七七六）年十一月、藩主道廣の命を享けて家老松前廣名が編集に従事し、安永九（一七八〇）年十二月脱稿した松前藩史の集大成である。『新撰北海道史』

同じ時代の佐藤一齋安永元（一七七二）年〜安政六（一八五九）年に、有名な三学戒があります。

少くして学べば壮にして為すあり。壮にして学べば老いて衰へず。老いて学べば死して朽ちず。言志晩録

ここで「少く」は〝わかく〟と読みます。
同じく　言志耋録に

朝而不食。則晝而饑。少而不學。則壯而惑。饑者猶可忍。惑者不可柰何。

（朝に食せず、則《すなわ》ち昼に饑《うえ》る。少《わか》くして学ばずば則ち壮《そう》にして惑う。饑はなお忍べくも惑いはいかんと

もすべからず）

この時代ばかりではなく、〝少年〟を〝若者〟とする文章はいくらでもあります。有名な、少年老いやすく学成り難し、の少年も子供ではありません。少なくとも志学（十五歳以上の丁年）です。少壮気鋭などという言葉もあります。

乙孩は今でいう少年ではなく大人なのです。

最後にもう一度、やはりこの時代の朱子学者新井白石の『蝦夷志附圖』でダメを押しておきましょう（写真10）。

問題点22　シャクシャインの戦い（30ページ）

＊元々はアイヌ同士の縄張り争いであったこと、松前藩が調停に努めたことが書かれていません。

＊シャクシャインが対立するオニビシを騙し打ちにしたことを書いていません。

＊シャクシャインはオニビシの部下が天然痘で死んだのを松前藩に毒を盛られたとウソを広めてオニビシ一派を味方につけたことを書いていません。

＊シャクシャインの行った一般人への略奪虐殺行為について触れなければなりません。〝シャクシャインの乱〟という歴史的呼び名を使うべきです。

＊シャクシャインが砂金利権によって大きな力をもち、当時二十七丁（松前藩は十六丁）もの鉄砲を所持していたことに触れられていません。

＊同じくシャクシャインは八十人もの妻女をもっていたこともぜひ触れてほしい。

問題点23　【資料】（31ページ）

＊当時米は非常に高価であり、しかも不作によって江戸で米価が高騰していたことに触れられていません。

＊『津軽一統志』の松前藩に対する悪意もしくは蔑視を含む記載が気にかかります。江戸幕府の巡見使に同行した『東遊雑記』が客観的に書かれていると思われるので、こちらも引用すべきです。

問題点24　クナシリ・メナシの戦い（32ページ）

＊和人が一方的に殺されたもので戦いではありません。和人の犠牲者数に触れられていません。本来であれば〝クナシリ・メナシの虐殺〟でしょう。ツキノエが首謀者の処刑に同意したことからも虐殺事件ととらえるべきなのです。

問題点25　指導のポイント（33ページ）

ツキノエの服装に疑問を呈していますが、『夷酋列像』の他の絵をみると、どれも蝦夷錦といわれる豪華《ごうか》な服装です。平秩東作《へずつ》『東遊記《とうゆうき》』（一七八四）には、酋長の妻は錦《にしき》を着て、分厚く敷いた羅紗《らしゃ》（毛織物）に座っている、とその栄華《えいが》の様子を記しています。絵にあるツキノエの服装はクナシリ・メナシの大酋長に相応しい盛装です。

問題点26　漁場ではたらくかげで（34ページ）

＊なぜアイヌたちは商人たちに唯々諾々と働かされたのでしょうか。そのとき、酋長やその一族はどうしていたのだろうか、という疑問をもたないのでしょうか。アイヌの酋長およびその一族は、今でいうところの派遣会社の社長のようなものだったのです。

＊江戸幕府は酋長が多くの妾を独占することがアイヌ人口減少の最大の原因だと考えて、妾の数を三人にまで制限したことにも触れておきましょう。

＊また開拓使編纂『北海道誌』には一八〇〇年代、人口が減少した集落へ、他の集落から「女子ヲ買ふて來リ、以テ妻ナキ者ニ配ス」などという記載もみえ、身分の低いアイヌの子女は売買されていたことがわかります。

問題点27　板書例（34ページ）

（1）和人とアイヌ民族の交易

冒頭でも触れましたが、この副読本では「集団としてではなく、個人に関わる事柄を記述する際」にはアイヌ民族ではなく「アイヌの人たち」とすると書いてありますが、〃大和民族とアイヌ民族の交易〃でも〃和人とアイヌの人たちの交易〃でもなく、「和人とアイヌ民族の交易」とする根拠が示されていません。交易は各々の場所で運上屋とアイヌの部族（『蝦夷島奇観』ではアイヌ個人）との間で行われたものであるから、本来であれば〃和人とアイヌの人たちの交易〃とすべきです。こうした表現の背後にはアイヌを個人として認めない、もっと言えばアイヌ協会の下に絶対服従させようとする全体主義もしくは共産主義のような発想があることに教師自身が気付いてほしい。

問題点28　指導のポイント（35ページ）

何度も指摘しますが、江戸幕府がアイヌ人口減少の最大の原因としたのは、酋長による多くの妾の独占なのです。そのため幕府は、酋長の妾を三人に制限しました。明治政府もこの政策を踏襲したようですが、徹底しなかったようで、六人までは黙認したという文献もあります。若い男たちは部落に留まっていても結婚することができないため、外へ出るしかなかったのです。シャクシャインのように八十人も独占されたら、男女比が同数とすると八十人の男に結婚の機会は与えられないのです。

問題点29　発問2（36ページ）

（写真2―11を見て）アイヌ民族の住む地に原始林が切り開かれ、町ができ鉄道が敷かれた。ここで見ているアイヌの人たちはどう思っているだろうか。

札幌の大通公園に銅像が建つホーレス・ケプロンの『ケプロン日誌　蝦夷と江戸』（北海道新聞社、西島照男訳）は明治四年（一八七一）から明治八年までの在日期間中の記録です。そこで開発される北海道をアイヌたちがどう見ていたか、以下の記録を指導に当たる教師たちは読んでおいてほしい。

アイヌの人たちの、いろいろな珍しい習慣には驚く。多くの点で、北米のインディアンと実に良く似ている。ただ一つの違いといえば、いかなる点でも非常に優れた民族で、インディアンのような、野蛮な性格は全然ない。

持って生まれた知性は素晴らしく、我々の使命を十分に理解し、評価し、優れた国の人間と判断したようで、一挙一動、生来の上品で、丁重なしぐさをもって迎えた。・・・我々が道路や工場などを作ることに大いに満足し、そして、わざわざ遠くから援助に来たことに対し感謝の意を表する。疑う余地もなく、この人たちは、文明社会のすべての良風にすぐ同化し、もちろん優れた生来の資質によって、悪には強く立向うものと私は信ずる。

白老アイヌの人々は北海道開拓に伴う道路建設や工場建設を歓迎していたことがわかります。アイヌ自身も文明社会へ参入することを望んでいたのです。また、村長（アイヌ）の挨拶について、「私へのあいさつは、仕事の重要性を理解したもので、家族や友人と別れ、その言葉どおりいえば〝援助〟するため、遠路はるばる来たことに対するお礼である」としています。

問題点30　板書例（36ページ）

旧土人の意味を正しく教えましょう。旧土人は政府の補助を受ける対象の人たちを括る言葉であり、差別的ではなかったと当時のアイヌ系日本人吉田菊太郎氏がその著『アイヌ文化史』に書いています。

アイヌ文化には土地を所有する概念がなかったことを教えましょう。和人だけではなく、アイヌにも公平に土地は分け与えられたことにも触れなくてはいけません。日本語を強制したわけではありません。文字のないアイヌ語では近代文明社会に参入できないことを教えなくてはならないのです。

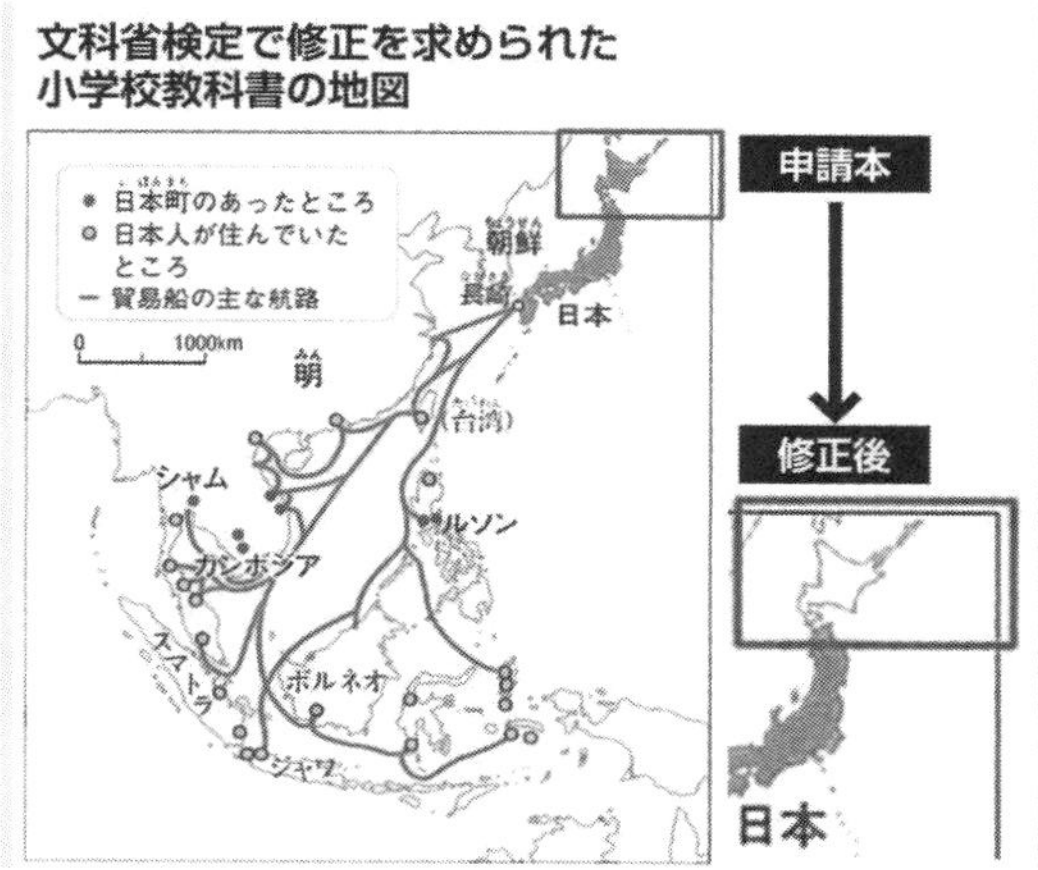

図７　北海道以北を領土外検定文科省

問題点31　指導のポイント（37ページ）

北海道が日本の一部にされたのは、先住民族であるアイヌ民族の理解を得たものではない。（小学校では日本とロシアの関係まで示すのは難しいが）まさしく「アイヌ民族にことわりなく、一方的に日本の一部にした」ものであることを理解させたい。

当時すでに北海道は江戸幕府が支配していたのであり、大政奉還によってそのまま明治政府に移行したものです。この理論で行くと全国に二百六十余藩の領民に一々断わりを入れなくてはならぬことになることになります。実にバカげた指導のポイントです。
文部科学省は小学校歴史教科書検定で、江戸時代には北海道に日本人が住んでいなかったと書き換えさせました（図7）。全く同じ思想的背景が歴史を捻じ曲げていることに気付いてほしいし、子供たちにも伝えて欲しい。

問題点32　板書例（38ページ）

旧土人保護法について日本政府はアイヌの生活を安定させるために農業につかせようと一律土地を与えましたが、その土地は酋長およびその一族が一括管理して和人を小作人として開墾させたのでした。名寄の北風磯吉や旭川の川村一族、日高の萱野一族のように戦後までうまく管理して、一般のアイヌが貧困にあえぐ中栄耀栄華を極めた部族もありましたが、十勝地方をはじめ多くの地域では酋長の管理能力がなく和人にだまし取られる事態となり、道庁職員が大変な苦労をして散逸した土地の所有権を取り戻し管理した記録も残っています。
アイヌ子弟に日本語の教育をしたことを非難していますが、文字を読めないということの不都合は右の一事をみてもよくわかるでしょう。

問題点33　指導のポイント（39ページ）

北海道「開拓」は日本の国策であること、それをアイヌ民族に向けて法律にしたのが北海道旧土人保護法であること。

日本国において制定された法律および政令・条例は、等しく日本国民全般に向けたものです。アイヌを保護し文明社会に招き入れることを国民に課した側面も非常に大きい。具体例としてはアイヌの高齢者や病弱者に対しての扶助、アイヌ子弟の教育の充実などを国民の税金から拠出されたことに触れなければなりません。

☆発問1　農業をする人だけを「助けよう」としたのは、どうしてだろうか。

教師自身が条文を読んで、この発問が間違いであることを気づいてほしい。

☆発問2　アイヌの子どもなのに、どうして日本語が教えられたか。

まず、文字を教えることが第一義とされました。さらに、そのために父兄には子供を学校へ行かせるための手当てまで支給されました。これは台湾や朝鮮でも同様でした。

☆発問3　今から考えると、どういう法律を作っていればよかったか。

この法律の制定を望んで国会に陳情に行ったのは外ならぬアイヌ自身であり、感謝して伊勢神宮にまで参拝していることも教えましょう。

さらにこの法律の廃止に最後まで反対していたのもアイヌ自身（北海道ウタリ協会：現在の北海道アイヌ協会の前身）であったことも教えなくてはいけません。

【用語】

○「南洋の土人」などの使用例のように、「未開」＋「野蛮」な人間としての、侮蔑の意味を持つようになった。アイヌ民族に対しても差別を象徴する用語として使われたと言えよう。

アイヌ協会設立メンバーであるアイヌの長老吉田菊太郎氏はその著書『アイヌ文化史』（昭和三十三年）において〝土人〟および〝旧土人〟をただ保護をうける資格者とそうでない者との区別用語であるとして、何ら差別とはとらえていません。昭和四十年代当初の町村史にも普通に使われています。昭和四十年代中頃になっても北海道ウタリ協会は（現北海道アイヌ協会）〝差別〟に言及していないどころか、北海道旧土人保護法の廃止に反対しています。このころに差別に言及したのは、戦時中の写真のキャプションを捏造して南京大虐殺を宣伝した朝日新聞の本多勝一、毎日新聞元記者の旭川市職員、ＮＨＫ旭川記者など、日本では階級闘争史観による革命は不可能だと諦めた末に、アイヌ民族闘争を煽って共産主義革命を狙ったものばかりです。

一例をあげると、本多勝一などは「差別され、抑圧され、支配され、搾取され、虐殺された側……」などとさんざんアイヌを煽って、「少数民族は社会主義社会でこそ幸福が約束される……アイヌが真に幸福になる道は、日本が社会主義国になることだろう。アイヌ自身のとるべき道は、従って革新陣営に何らかの形でくみすることであろう……」とし、アイヌの和人に対して抱き続けた怨念を革命勢力に取り込めと、さらに良心的日本人もアイヌとともに革命運動に参加せよ、と大変な熱の入れようです。（『コタンの痕跡』旭川人権擁護委員会）

○「北海道旧土人保護法」はアイヌ民族を優遇したか　１８８６年の北海道土地払下げ規則では、和人１人に10万坪（33ha）まで、１８９７年の北海道国有未開地処分法案では、和人１人に開墾用１５０万坪（５００ha）、牧畜用２５０万坪（８３３ha）まで無償で与えた。
「無償で与えた」という事実はありません。条文の一部を引用します。

明治四十一年法律第五十七号
北海道国有未開地処分法

第一条　北海道国有未開地ノ処分ハ本法ニ依リ北海道庁長官之ヲ行フ
第二条　土地ノ売払ハ勅令ノ定ムル所ニ依リ一定ノ期間内ニ其ノ土地ニ関スル事業ヲ成功スヘキ者又ハ素地ノ儘使用セムトスル者ニ対シ之ヲ行フ
第三条　自ラ耕作ヲ為サムトスル者ノ為土地ノ区域ヲ限リ特定地ヲ設置ス
○２　特定地ハ勅令ノ定ムル所ニ依リ無償ニテ貸付シ成功ノ後之ヲ付与ス
第四条　公用又ハ公共ノ利益ト為ルヘキ事業ニ供セムトスル土地ハ之ヲ付与シ又ハ有償若ハ無償ニテ貸付スルコトヲ得
第五条　素地ノ儘使用セムトスル土地ハ有償又ハ無償ニテ貸付スルコトヲ得
第六条　売払ヒ又ハ貸付スヘキ地積ノ制限並売払及貸付ノ方法ハ勅令ヲ以テ之ヲ定ム
第七条　民有地トノ交換ハ価額稍相均シキモノニ非サレハ之ヲ為スコトヲ得ス

第八条　売払ヲ為ス土地ニ関スル事業ノ成功期間ハ十年ヲ超ユルコトヲ得ス
第九条　土地ノ貸付ハ左ノ期間ヲ超ユルコトヲ得ス
一　無償貸付　十年
二　有償貸付　十五年
第十条　前二条ノ期間ハ植樹又ハ泥炭地ノ使用ニ限リ特ニ二十年迄之ヲ延長スルコトヲ得
第十一条　天災其ノ他避クヘカラサル事故ニ因リ予定ノ期間内ニ事業ヲ成功スルコト能ハサル者ニ対シテハ其ノ期間ヲ延長スルコトヲ得
……

未開の大地を自らの資本と労力を投入して成功したものに限り与えられたものであって、無償という言葉は当たりません。
また言うまでもなく、無償で与えられた土地はアイヌも和人（屯田兵はアイヌより少ない割り当て）も平等でした。払下げはもちろん有償です。

問題点34　板書例（40ページ）・**【資料】**（41ページ）

⑵北海道アイヌ協会の成立

違星北斗、吉田菊太郎らによるアイヌ民族全体のために世の中を変える

北海道アイヌ協会の設立は道庁職員喜多章明《きたまさあき》氏の指導の下に違星北斗・吉田菊太郎氏ら七十名が札幌に集って昭和七年（一九三二）に設立され、初代会長に喜多氏が就任しました。吉田菊太郎氏は自著『アイヌ文化史』の中で喜多氏を昭和のコシャマインと崇めています。

副読本に何度も登場する違星北斗・吉田菊太郎両氏が、副読本の編集者がアイヌ差別の悪法とする北海道旧土人保護法についてどのような捉え方をしていたかを、ぜひ教師のみなさんに理解しておいて欲しい。

両氏によって詠まれた〝保護法の成立（改正）の感懐を詠う詩〟を紹介しておきます。彼らが保護法改正案の議会通過促進運動で上京し、さらに貴族院本会議通過のお礼に伊勢神宮を参拝した時の感慨を詠んだものです。（『コタンの痕跡』）

待焦《まちこが》れたる保護法は
今日両院を通過しぬ
想《おも》へば長き七歳《ななとせ》の
努力は遂に報はれぬ
御法《みのり》の光輝《ひかり》いや増して

ウタリの上に輝《かがや》かん
（余市町違星北斗君の述懐）

文化の光輝きて
アッシは脱ぎつ毛は剃りつ
今は同じく日の本の
国民《みたから》なるぞ現世《うつしよ》に
務め忙《いそ》しむ身となりぬ
（白人コタン吉田菊太郎の詠）

当時のアイヌ協会設立の目的は、喜多氏も述べているように、教育指導によって徐々に自立が可能になったアイヌのために、北海道旧土人保護法の改正を要求するための組織づくりでした。

ちなみに、昭和十二年三月三十日の旧土人保護法改正の主な点は、改正前には和人にだまし取られることを防ぐために定められた、給与地に対する譲渡・相続および質権・抵当権制限の大幅な緩和（兄弟姉妹等親族間での譲渡、有利な職業への転職時、他府県・他市町村への転出時）、アイヌ学校の廃止などでした。

先の詩にもあるように、「アイヌ民族全体のために世の中を変える」などというような大仰なものではなく、アイヌの生活水準や教育水準が向上したために窮屈な内容を緩和して欲しいという程度のものだったのです。

問題点35　アジア・太平洋戦争（41・42ページ）

日本国の先の大戦に対する正式呼称は大東亜戦争です。GHQ占領下にはこの呼称が禁止され太平洋戦争とされました。アジア・太平洋戦争という名称は多分に政治的イデオロギーを含んだ言葉であり、公教育の場では使うべきではありません。

問題点36　差別の強調（42ページ）

アイヌ差別問題について前掲の違星北斗や吉田菊太郎だけではなく多くのアイヌの先覚者がアイヌ自身の問題点を指摘して〝脱アイヌ〟を説いています。

昭和四十年代の沙流川流域二部谷アイヌの発言を紹介します。

アイヌがシャモに同化するよりも、アイヌがアイヌとして誇りをもって生きてゆく……そのために、アイヌは団結し、協力し、生活を高めなければならない。差別は、むしろ、この生活の悪さからきている…昼の間から酒を飲む。飲みだすとブレーキがきかない。働いて得た金を全部酒にかえる。このために貧しい…などといったところから差別感が出てくる……

私自身子供の頃、アイヌ系日本人が周囲にいましたが、アイヌ系であることを理由に差別をするということなど全く見聞きしませんでした。

日本国はアイヌ保護のための区別はしましたが、明治政府も一切差別はしていません。

また個人的な差別については、明治・大正・昭和を生き抜いたアイヌ女性砂沢クラさんの口述記『クスクップ　オルシペ　私の一代の話』(北海道新聞社)を紹介するだけで十分でしょう。

私は、これまで何度か『アイヌ』と言われていじめられましたが、いじわるをする人はどういうわけか教育もろくに受けられず、下働きのような仕事をさせられている人たちばかりでした。娘時代、病院の看護婦をしている時、私を『アイヌ』と言っていじめたのは、字もかけない車夫でした。学校の先生とか医者など教育を受けた人、もののわかった人は、私たちアイヌをほんとうの日本人として尊敬してくれました。山の中で働いている営林署の人、発電所の人、炭鉱の人も少しも威張らず、私たちを大事にしてくれました。

昔も今も、差別は品性の卑しい人間のすることにかわりはありません。

さらに知里真志保の日記の一節も読んで欲しい。

『アイヌハ迫害サレルモノ』信仰的ニサウ思ヒ決メテ了ツタ我々ハ、自分ノ方カラ迫害ヤ侮蔑ヲ予期……自分ノ行ク処、自分ノアル処、ソコニハ必ラズ迫害ヤ侮蔑ガナクテハナラヌモノト考ヘル。ソシテ其レガ無カツタ場合、コンナ筈ガナイト思フ心ハ、強ヒテソレヲ作リ出サズニハオカナイ。又其レラガアツテモ自分ノ予期ニ反シテ余リニ小サイモノデアツタ場合ハ、無理ニデモソレヲ大キクシテ考ヘル。ソシテ自ラ満足ス。

世の中の差別問題を考える上で大いに参考にすべき一文です。差別していると訴えられる側に立つ人は、差別されていると思い込んでいる人々のこうした複雑な心情も理解しなくてはなりません。

問題点37　◆その裏には（43ページ）

北海道をコロンブスの新大陸発見と混同させる記述です。アイヌは米大陸のインディアンのような先住民族ではありません。

問題点38（44ページ・全頁）

昭和四十年代半ばまでのいかなる左翼も、北海道旧土人保護法をはじめとする国の同化政策に対して、純然たるアイヌに対する支配政策だなどとするものはなかったのです。

昭和四十年代後半になると「アイヌ支配のメカニズム・零細農民やプロレタリアートを輩出する資本主義社会の欠陥」などとアイヌ政策批判の中に過激な主張が紛れ込みはじめ徐々に受容されてゆくようになります。

明治維新が地方の下級武士を中心として達成された影響もあって、以来日本は主に学歴と試験を重視し、たとえ平民の子であっても能力に応じた出世が可能になりました。私の身近な例でいえば、曽祖父母たちと愛別町中愛別に入植した小作人の子弟であっても、兄は陸軍大将（ノモンハン事件の責任を取って退役）、弟はハルピン医科大学学長にまでなった事例もあるのです。まだ私の祖父が健在の頃、兄の方は一度、弟は毎年お盆になると祖父のもとへあいさつに来ていた記憶があります。私が開業して間もなく、当時九十歳を超えていた患者さんが、自身をはじめ、近在の者が満洲へ渡るとき祖父に紹介状を書いてもらって行ったと教えてくれました。

アイヌ出身の日本人も優秀なものは官に任用され、また知里真志保のように東大卒業後北大教授になったものまでありました。

つまり、支那やヨーロッパ貴族社会のように階級固定のない日本では、階級闘争史観による革命は現実的ではないと考えた左翼が、新しい革命理論として、様々な利権体制に組み込まれて利用価値の少なくなった同和に代えてアイヌに着目したのです。そして「民族と階級」を結び付け「国家と資本」を解体する勢力として結集させようとし、「アイヌ問題に対する階級的視座からの切りこみは不可欠」として運動を展開するに至りました。

昭和四十六年（一九七一）、尾上健一は現在のチュチェ思想研究会（一九七八設立）の前身である群馬朝鮮問題研究会を立ち上げましたが、早くからアイヌを取り込むことを画策していました。

チュチェ思想研究会はいうまでもなく、朝鮮民主主義人民共和国（北朝鮮）及び朝鮮労働党の公式政治思想であるチュチェ（主体）思想を信奉する北朝鮮国外の団体です。〝21世紀自主フォーラム〟など様々な下部組織があり、中でも最大規模の団体が日本教職員チュチェ思想研究会全国連絡協議会であることを、教職員各位は心に留めておいて欲しい。

北海道アイヌ協会副理事長阿部一司（ユポ）、前副理事長秋辺（成田）得平も幹部や研究会の講師として名を連ねているし、アイヌ文化発信の中心地とされる平取町の二部谷アイヌ文化博物館学芸員・同町教育委員会文化財課主幹の吉原秀喜も〝21世紀自主フォーラム〟の役員として名を連ねているので、アイヌ協会へのチュチェ思想の浸透は憂慮すべきものがあることを特に申し添えます。

このページに小学生用副読本40ページが載せられています。その写真2―18のキャプション「国際連合の会議に出席するアイヌ民族……」とありますが、この会議の実態を知っておいてもらうべきと考え、この写真当時の会議〝反差別国際運動（IMADR）〟のメンバーを紹介しておきます。

〝反差別国際運動（IMADR）〟は日本の部落解放同盟の呼びかけで一九八八年に設立された国連人権組織（NGO）非政府組織です。

写真には野村儀一氏が映っているので一九九一年当時の役員を挙げておきます。

名誉理事長　上杉佐一郎（日本・部落解放同盟中央執行委員長、留任）

理事長　　ミリアム・シュライバー（ベルギー・法律家、前理事長）

　　　　　ニマルカ・フェルナンド（スリランカ・弁護士、前理事）

副理事長　リム・スンマン（アメリカ・パティソン大学教授、前理事）

　　　　　ジャック・シュバス（フランス・MRAP会長）

理事
マリオ・ホルヘ・ユーティス（アルゼンチン・国連人種差別撤廃委員）
ロマニ・ローゼ（ドイツ・スィンティ・ロマ中央委員会議長、留任）
上田卓三（日本・部落解放同盟中央本部書記長、前監事）
野村義一（日本・北海道ウタリ協会理事長、留任）
久保田真苗（日本・前参議院議員、留任）
平井誠一（日本・全国障害者解放運動連絡会議全国代表幹事、交替）
村松末男（日本・部落解放研究所理事長）
除正萬（韓国／日本・在日コリアン人権協会代表）
武者小路公秀（日本・明治学院大学教授、留任）
……
監事
松本龍（日本・部落解放同盟中央執行委員）
金東勲（韓国／日本・アジア・太平洋人権情報センター所長、留任）
武者小路公秀（日本・明治学院大学教授、留任）
カトリーヌ・カドウ（フランス・日本研究者、留任）
事務局長
金子マーチン（オーストリア／日本・日本女子大学助教授、留任）
事務局次長
友永健三（日本・部落解放研究所所長、留任）
谷元昭信（日本・部落解放同盟中央本部初期次長、留任）

藤岡美恵子（日本・反差別国際運動国際事務局）

以下省略

アイヌ問題で伝家の宝刀として、国連が持ち出されますが、国連のこの部局は全くと言ってよいほど日本の左翼団体思想家集団の出先機関だということがおわかりいただけるでしょう。

現在の役員名簿はインターネットで確認されたい。ここで注目すべきは、野村義一に代わって現在は加藤忠北海道アイヌ協会理事長が名を連ね、さらに山下義円〝同和問題にとりくむ宗教教団連帯会議議長　浄土真宗本願寺派〟も参加していることに注目しておきましょう。

つまり、反差別国際運動（ＩＭＡＤＲ）によるアイヌ先住民族運動は同和利権をアイヌ利権に置き換えた形で北海道へ持ち込もうという運動の側面を持ち合わせているのです。

問題点39　【資料】（**45ページ**）

＊何度も触れるが、旧土人は差別的呼称ではありません。吉田菊太郎氏自身が保護の対象となるための呼称であるとその『アイヌ文化史』に書いています。

＊北海道がアイヌの土地であったことは一度もありません。そもそも土地所有概念が無いというのがアイヌ文化の重要な要素です。それは家に門柱や塀が無いこと、死者が出る

と家ごと焼き払って他へ移動してしまうことなどからもわかります。
＊サケやシカの減少は和人の乱獲ではなく、アイヌ自身が和人や外国へ売りさばいて収入を得るために乱獲したものです。例えば、旭川周辺のアイヌ人口は明治初期に三百名ほどでしたが、そのサケの捕獲数は十万匹に達したと市立旭川博物館の展示にあります。
ケプロンは明治七年八月七日には鵡川を訪れ次のような記録を残しています。

鵡川の渡しで一人の開拓使の役人に会う。主な仕事は、アイヌが殺した鹿の角と皮を受け取ることらしい。いったい、気の毒なアイヌの人たちは角と皮の代償として何をもらうのか確かめることはできなかったが、恐らく北海道の島で暮らす税金として、厳しく取り立てられるに違いない。この役人の話では、今年すでに五千枚の生皮を受け取ったそうである。『ケプロン日誌　蝦夷と江戸』（北海道新聞社、西島照男訳）

この記載によって、ケプロンは開拓使が鹿の角や皮を買い上げるに至った経緯を全く知らなかったことがわかります。
明治政府は明治二年に、封建制度の縮図だとして場所請負制を廃止しました。ところがこれによって最も困ったのは、制度の廃止によって救済されるはずのアイヌ自身でした。それまで請負人はアイヌに対する物資の供給者であり、また行政機関の役割をはたしていました。

一方のアイヌ側からみれば生産した物品の販売先であり、時には雇用主でもあったのです。場所請負制の廃止によってアイヌは職を奪われ、生活物資の供給者を失い、さらに漁獲物の販路すら失ってしまいました。弱みにつけこむ商人はここでも暗躍し、販路を失ったアイヌから不当な安値で産品を買い叩くということが横行したのです。これを見た開拓使はアイヌの困窮を救うべく明治五年にアイヌと商人の相対取り引きを禁じて、公正な買取価格を定めて官吏を派遣し売買に立ち合わせたり、ついには官みずから買上を行うようになっていたのです。ケプロンはこれを役人が税として取り立てているように勘違いしたようです。

当時、函館では支那との交易で鹿角などの需要が急激に増加して乱獲に及んだといいます。開拓使が明治九年に危険な毒矢の使用を禁止し、代りに猟銃を貸与してその取扱いを教示するに及んでアイヌによるエゾシカの捕獲数はさらに増えました。特に十勝日高地方ではシカを沼地や落とし穴に追い込む乱獲によって無差別大量捕殺されていたのです。

よく言われている「アイヌが自然と共生して生きていた」などというのは真っ赤な嘘で、江戸期から交易のために現在では天然記念物になってしまったオオワシやオジロワシをはじめ、ラッコなどは乱獲によってほとんど絶滅までに追いやられたのです。エゾシカに関しては明治九年以来乱獲防止のために規則を設け、明治十二年にはアイヌにのみエゾシカ猟を許しました。開拓によってアイヌの重要な食料であるエゾシカが減ったといいますが、アイヌ自身が食糧のためではなく毛皮や爪、そして角をとるためにエゾシカを撃ち殺し続けたのです。それはこの地域の和人も含めた人口が当時千五百人足らずであったにもかかわらず、八月の段階で既に五千頭のエゾシカを捕獲したという事実からも明らかでしょう。当時の函館新聞にはアイヌだけに許されたシカ猟で大儲けした二人の記事が掲載されています。かつて鯨油だけを目的にクジラを乱獲したアメリカや、現在もフカひれを目的にサメを乱獲しつづける支那人同様の状態が続いていたのでした。

また、近代漁法の導入よって河川における鮭鱒の乱獲による資源の減少も著しく、「その種の絶滅を防止せんが爲に、諸川における鮭・鱒の漁獲も相次で禁漁となつた」（北海道舊土人保護沿革史）とあるように、開拓使は「種の絶滅」を防止するため、そしてアイヌの食糧を確保するために乱獲を規制したのでした。

以下57ページまでは問題点が重複し、すでに指摘済みなので省略します。

第六章　副読本は恐ろしい思想教育書

1．反日活動の拠点となったアイヌ協会

副読本の内容がいかに偏向し、また誤りを通り越して捏造されているかを明らかにしてきました。私の論証はすべて過去の文献に基づいており、お読みになった方々も納得できたと思います。

私は平成二十年（二〇〇八）六月六日のアイヌ先住民族国会決議以来、私が子供の頃から周囲で見聞きした実際のアイヌ系日本人と普通の日本人（多くのアイヌ系日本人は普通の日本人として暮らしている）の関わりと、この国会決議は程遠いものであり、考古学・歴史学的事実を無視し、日本人の名誉を著しく傷つける決議であることを訴え続けてきました。そして、さらに深く考古学・歴史学・アイヌ関連古文献や行政関連文献、分子生物学（遺伝学）などの文献を読み漁っていました。

月刊誌『正論』の拙稿や拙著『アイヌ先住民族　その真実』を読んだ方々から多くのお便りが届けられました。その中には十勝方面のアイヌ共有財産の管理に実際に関わられた方の子孫から当時の共有財産目録や名簿、アイヌの教育に心血を注がれた教師の子孫からの当時の手記なども届けられました。

また、アイヌ研究者のご子息が実際に私を尋ねてこられ、当時のアイヌ研究者がどれほどアイヌを愛し、資料を得るのに多くの労力と出費を重ねたかを、当時の取材日誌などを拝見

させてもらいながら説明を受けたこともありました。

三代にわたるアイヌ研究を大成された河野本道先生とは、晩年に行動を共にする機会をいただき多くの教えをいただくことが出来、大切な資料を受け継ぐこともできました。

また、昭和四十年代の過激派たちがいかに多くアイヌに関わっていたか、そして現在も関わり続けているかという情報も文献付きで送ってくださる方もおられました。

〝過激派とアイヌ〟、当初はあまり興味がなかったのですが、東川町や美瑛町、さらには猿払村ですすめられた〝反日石碑建立〟の阻止活動をしているうちに、アイヌ団体が共産党や同和団体、元革マルおよび元国労関係者、中核派などと繋がっていること、さらには朝鮮総聯との関りが明白になって、これを公表すると放火や脅迫の被害を受けるようになり、もはや自分一人が扱えるものではないことを知りました。所属や住所、過去の活動歴を記載した百数十名の実名リストも早くから作成し手元にあります。リストの公表は控えておりますが、数名の方々に依頼して、私に万一のことがあった場合には公表してくれるようにお願いしてあります。アイヌ団体や反日団体が活動報告する名簿などは逐一このリストと照合していますが、日教組や労働組合構成員をはるかにしのぐ、朝鮮名の多さと浄土真宗僧侶の多さには驚くばかりです。最近札幌市で行われ、皇室や政府関係者などの肖像を焼いて問題になった〝表現の不自由展〟の参加者もこのリストに載っていました。

こうした情報は、過去に北海道警察や公安調査庁などが身辺を警護してくれることもあり、依頼があれば提供するようにしていますが、私は決して警察や公安の意を受けて活動しているのではなく、〝アイヌの真実〟を求めて調査を続けているにすぎません。そもそも北海道警察や公安調査庁は現場に足を運んで調査していませんし、担当者が短期間で代わるために問題の本質をそのたびに話さねばならず、相手にしている暇がないというのが現状です。

そのような調査の中で、アイヌ協会やこれを支援する共産党系組織さらには日中友好協会のホームページを丹念に調べてゆくと、恐ろしい事実に突き当たったのです。

それは、北海道アイヌ協会の幹部が北朝鮮関係団体と結びついていること、アイヌ団体と親密な関係をもつ深川市の浄土真宗住職が代表を務める共産党系団体が中国の国家主席や北朝鮮の総書記に日本国内での活動に関する協力要請までしていることが、堂々とホームページ上に掲載されているのです。

そして盛んに朝鮮人強制連行や強制労働を報じ続けていた元北海道新聞旭川支社長が、これも深川西高校以来の民青（日本共産党の下部組織）活動家であり、北海道大学時代私の一期上で盛んに運動していたことがわかったのです。当時の北大民青は革マルなど問題にならないぐらいに凶暴でした。昼間は教養部と食堂との間の芝生でアコーディオンを鳴らしながらロシア民謡などを歌い仲間を勧誘し、夜になると角棒の先に五寸釘を打ち抜いて殺傷能力を高めるという禁じ手を使って革マルを集団で襲うという状況で、両者が衝突した北大教養部の天井には血しぶきが飛び散っていた記憶があります。私はノンポリというよりは、彼らのやっていることが子供じみていてどちらにも与しませんでしたが、同級生が革マルの活動家であり自宅付近で待ち伏せに遭ったとのことで、彼を人道的見地から匿ったことすらありました。

2. アイヌ協会を牛耳る北朝鮮のチュチェ（主体）思想

それほどにまで激しく対立した革マルと民青が、今になってなぜアイヌを媒介として共同歩調をとっているのかを詳しく説明します。

マルクス主義唯物史観によれば、原始的無階級社会はやがて階級社会そして資本主義社会へと進み、資本主義社会・階級社会の歪が増大して階級闘争へと進展し、資本主義・階級社会が解体されて、無階級社会である社会主義もしくは共産主義社会へ移行するのが歴史の必然、とされています。

明治維新は地方の下級武士が中心となって行われたため、明治政府は学歴と本人の能力を重視する制度を採用し江戸時代以来の階級制度は解体しました。さらに敗戦後日本では財閥が解体され、貴族・華族といった階級も消滅しました。そのために共産主義者たちは彼らの革命理論である階級闘争によって日本社会を破壊することが困難であることを、六〇年安保闘争の敗北から徐々に気づき始めたのです。彼らが階級闘争に代わる新たな革命理論として発掘したのが、〝差別〟だったのです。

日本における差別問題といえば部落問題です。『破戒』（島崎藤村）や『橋のない川』（住井すゑ）を読まれた方も多いと思いますが、私のように北海道で差別ということを全く知らずに育ったものにはピンとこない小説でしたが、大学へ行って本州出身の同級生などにそれとなく実態を聞く機会があり、特に『橋のない川』などは再度読み直して涙したことが昨日のことのようです。

私は小さいころから父の従弟妹たちや弟同様に医師になろうと思っていましたが、赤緑色弱という遺伝性の色覚異常で小学校高学年の時にその希望が打ち砕かれた経験をもっていました。当時は医学部・歯学部はもちろん、様々な理系・工学系・生物系学部には本人がどんなに望んでも、また努力しても入学を許されないという状況に中学校の頃から自暴自棄になっていました。北海道大学文類に入ったのも貧しい農村から抜け出したいための方便でしかありませんでしたので、家庭教師や土方、引っ越し作業員、酒類配達、麻雀、パチンコ、運転手などアルバイトばかりでろくに勉強などしたことはありません。そんな中で自分もその一人だったのですが、それぞれに様々な事情を抱えながら夢や希望から見放され、日々生活に追われて暮らす社会の最底辺の人々を身近に感じて、被差別部落民の状況がよそごとではないように感じられたのでした。

幸いにも私は北大入学以来高校一年生から家庭教師をしていた生徒の受験アドバイスのた

めに、各大学の入試要項と過去数年の入試問題をまとめたいわゆる赤本を見ていて、新設の旭川医大が色覚異常者を排除しないことを知り、北大経済学部を退学して受験し運よく合格し、医師になることができました。

そうした差別問題によって、いわゆる被差別部落民に重くのしかかった歴史の重圧を少しでも軽くしようと制定されたのが、昭和四十四年（一九六九）に制定された同和対策事業特別措置法でした。この法律は昭和五十四年（一九七九）三月三十一日で効力を失う十年間の時限立法として制定されました。しかし、その後様々な法案が提出され、平成十四年（二〇〇二）に廃止されるまでに三十三年間で実に十五兆円の国費が投入されました。地方自治体は同和対策事業を計画し行うことに必要な費用の八割を交付金として受け取ることができたのです。

巨額の補助金によって様々な利権構造が地方自治体や業界団体に構築されて行ったことは、最近ニュースになった関西電力高浜原発問題や、辻本清美衆議院議員との関係がマスコミに取り上げられて八十名以上の逮捕者を出して問題化している関西生コンなどだけではなく、平成十六年（二〇〇四）の狂牛病騒ぎの時のＢＳＥ（牛海綿状脳症、狂牛病）対策事業を悪用した牛肉偽装事件などをみれば明らかです。

昭和四十四年の同和対策事業特別措置法制定時に、北海道のアイヌもこの法律の対象にしてはどうかという国からの申し出に対して当時の町村金吾知事は、アイヌと部落問題は全く別である、アイヌは文明社会に遅れて参入してきた人々であり、これを文明社会に導きいれるための法律として北海道旧土人保護法があるのであって、差別問題として扱うべきではないと一蹴しています。

先にも述べましたが、同和対策事業特別措置法は平成十四年（二〇〇二）に廃止されました。それに先立つ九年前の平成五年（一九九三）、被差別部落出身の竹内渉氏が社団法人北海道ウタリ協会事務職員になっています。平成二十一年（二〇〇九）に出版された氏の著書に紹介されている略歴その他によると、昭和二十九年（一九五四）、埼玉県生まれ。昭和五十四年（一九七九）、北海道大学経済学部卒業。平成五年（一九九三）、社団法人北海道ウタリ協会事務局職員（平成二十年著者が、アイヌの定義について直接電話でお話しさせていただいた時には事務局長だったと記憶します）、現在北海道アイヌ協会事務局次長。

以上のことを踏まえながら、同和対策事業特別措置法と昨年（二〇一九）の〝「アイヌの人々の誇りが尊重される社会を実現するための施策の推進に関する法律」（以下「アイヌ新法」）〟を見比べてみると、この法律の目的がはっきりとわかります。

（交付金の交付等）

第十五条　国は、認定市町村に対し、認定アイヌ施策推進地域計画に基づく事業（第十条第二項第二号に規定するものに限る。）の実施に要する経費に充てるため、内閣府令で定めるところにより、予算の範囲内で、交付金を交付することができる。

2　前項の交付金を充てて行う事業に要する費用については、他の法令の規定に基づく国の負担若しくは補助又は交付金の交付は、当該規定にかかわらず、行わないものとする。

3　前二項に定めるもののほか、第一項の交付金の交付に関し必要な事項は、内閣府令で定める。

本年度からアイヌ関連事業を行う地方自治体に対して必要額の八割が交付金として出ます。同和対策事業特別措置法は再三延長されましたが、当初十年の時限立法でした。アイヌ新法には現在期限が銘記されておりません。彼らの目的は「アイヌの人々の誇りが尊重される社会」ではなくて、実にこの補助金なのです。そもそも修学資金・免許取得・雇用職業訓練など様々な補助金をもらって、しかも不正をしながら返金もしないで、さらに自治体事業を隠れ蓑に補助金をむしり取ろうというような団体のどこに〝誇り〟を感じることができるでしょうか。

「アイヌの人々の誇りが尊重される社会」を望むなら、まずアイヌ自身が一生懸命働き、学んで日本国社会に貢献することが求められるのではないでしょうか。副理事長が二代続けて北朝鮮のチュチェ思想を日本に広げるための組織の幹部であり、しかもアイヌ関連予算の不正受給を指摘されているようでは、新法にどんなに美しい文言が並べられていようと、普通の日本国民は「アイヌの人々の誇り」を尊重することなど無理というものです。

3．チュチェ（主体）思想に汚染されたアイヌ協会が地方自治体を乗っ取る日

私は今から十二年前に〝アイヌ先住民族国会決議〟によって日本の歴史に取り返しのつかない汚点を残したこと、北方領土交渉に大きな不利益をもたらすこと、そしてアイヌ団体が様々な要求をエスカレートさせることを指摘しました。

それに対して、国会決議の中心人物である鈴木宗男氏は、私の懸念などは政治を知らない素人の戯言であると一蹴し（『月刊日本』）、また今津寛氏は沈黙したまま何の説明責任も果たさないままに政界を引退してしまいました。

私が警鐘を鳴らし続けた上の三つの問題は、不幸にもすべて現実のものになってしまいました。

私は次の十年間に何が起こるのか、声を大にして叫びたい気持ちでいっぱいです。

関西電力高浜原発問題が昨年大きな問題として取り上げられました。しかし、多くのテレビや新聞は関電役員を叩くばかりで、問題の本質には一切触れることはありませんでした。産経新聞や月刊誌・週刊誌、インターネットの情報を総合すると、高浜町の元助役（故人）

が先に述べた同和対策事業特別措置法を利用して様々な利権構造を構築し、町役場に不可解な経緯で職を得て、やがて助役（現在の副町長）にまでのし上がり町政を牛耳っていたことがわかります。

これから、アイヌ協会についても同じことが行われようとしているのです。そして同和対策事業特別措置法よりもたちが悪いのは、北海道アイヌ協会副理事長をはじめ多くのメンバーが北朝鮮の金一族を首領と仰ぐチュチェ（主体）思想に汚染されているということです。

私が懸念するチュチェ思想による地方自治体乗っ取りは、白老のウポポイの二百億円にはじまって、今回のアイヌ新法十五条によって全道・全国の自治体に広がってゆくでしょう。

町が計画するアイヌ支援事業や文化保護事業には国から八割の予算がつきます。事業の計画の中心にはアイヌ協会から派遣された人物（Aアイヌ）がつくことになります。Aが事業の継続によって町に数千万単位の交付金をもたらします。町長も徐々にこのAに頭が上がらなくなり、Aを副町長に指名し議会もこれを承認します。Aはあくまでも選挙を経ない副町長のままですが、町長が代わっても町の実権を握り続けることができるのです。

この地方自治体乗っ取り計画を成就させるには、日本人の警戒心を、とりわけ若い世代の警戒心を奪い取らねばなりません。もうおわかりでしょう。この副読本の意味は、もしかするとアイヌ団体は気づいていないままに利用されているのかもしれませんが、アイヌ団体と背後にいる北朝鮮による地方自治体乗っ取り計画の狼煙であり、アイヌ新法は橋頭保そのものなのです。

「核とミサイル開発で世界の自主平和を主導する朝鮮」（『自主の道』１６３号目次）と公言するような団体の幹部が編集を主導するアイヌ副読本は恐ろしい思想教育書だということを忘れてはなりません。

あとがき

黴臭い古本、クシャミと鼻水と悪戦苦闘しながら、アイヌ関連文献を掘り進めて大発見がありました。

戦後に書かれたアイヌ文献では、『日本書紀』・『続日本紀』・『松前志』などのように原典が出回っているものは、原典を引用しながら著者は「……ではなかろうか」とか「……と考えることもできる」というように自身の見解であることを示し責任を明確にしています。

『福山秘府』、『新羅之記録』そのほか、当時としてはなかなか原典にたどり着けなかったものは大正・昭和初期の孫引きが多く、当時の大御所が原典について「……と考える」とか「……と読むことも可能だ」と書いてあるのを、昭和四十年代に書かれたものの多くが、『福山秘府』や『新羅之記録』を参考文献にあげて、「……なのである」・「とされている」と断定的に記述しています。それどころか明らかに誤読して逆のことを言っているものまであります。

今は、国立国会図書館・函館市立図書館などのアーカイブをダウンロードして原典の当該部分を読むことができるので、北海道アイヌ協会御用学者さんたちの出した本のウソや、自分たちに都合の悪い文献の無視が手に取るようにわかります。

北海道大学名誉教授の錫谷徹先生（現福島県立医大医学部長錫谷達夫先生の御父上）が著された

『法医診断学』は、日本の法医学にとって画期的な出来事だったと法医学関係者から聞きました。

なぜかというと、それまでの法医学が〝鑑定学〟であったのを〝診断学〟に塗り替えたことによります。つまり、東大教授がこう鑑定した、いや東北大学教授の鑑定はこうだ、等々の混乱はこの〝鑑定〟にあるということなのです。それを科学的データに基づく〝診断〟にまで、つまり個々の大御所の主観ではなく、万人が認める客観にまで昇華したというのです。

アイヌの古文献や考古学さらには言語学に関する文献を見ていて、大御所の〝鑑定〟の多くが現代の科学に照らしていかに誤ったものであるかがわかります。そしてアイヌ協会御用学者たちは、都合の悪い鑑定は無視して、自分たちの補助金搾取に都合がよければ、誤りが明らかになっているはずの鑑定を引用し発信し続けているのです。

自分も医者の端くれなので、若い法医学者に教えられた〝鑑定〟と〝診断〟の教訓を肝に銘じて、ものを言い書きもしています。

ちなみにこの法医学者は、ある殺人事件で、学会の大御所の鑑定の矛盾を〝診断学〟で論破し、検察側勝訴を勝ち取ったと道警幹部から聞いたことがあります。

アイヌの歴史も〝鑑定〟から〝診断〟へ脱皮しなければなりません。そのことを最も早く指摘したのは、ほかならぬアイヌ出身の知里真志保でした。彼は〝アイヌの研究はアイヌにさせてはいけない〟と主観による史実の捏造に警鐘を鳴らしていたのです。

令和二年三月六日

著者　記す

的場光昭（まとば　みつあき）

昭和29（1954）年、北海道上川郡愛別町生まれ。北海道大学経済学部中退。旭川医科大学卒。日本ペインクリニック学界専門医。医療法人健光会旭川ペインクリニック病院理事長。長年にわたり地元誌『北海道経済』巻末コラム執筆、西部邁事務所発刊の『北の発言』の協力執筆者、全国誌では『発言者』、『正論』などに投稿原稿が掲載されるなど、日常診療のかたわら執筆活動を続けている。

著書に『「アイヌ先住民族」その真実』『自殺するのがアホらしくなる本』『改訂増補版　アイヌ先住民族、その不都合な真実20』『アイヌ民族って本当にいるの？』『反日石碑テロとの闘い』（いずれも展転社）『科学的〝アイヌ先住民族〟否定論』（的場光昭事務所）がある。

アイヌ副読本『アイヌ民族：歴史と現在』を斬る
北朝鮮チュチェ思想汚染から子供を守れ

令和二年六月二日　第一刷発行
令和三年四月二十日　第二刷発行

著　者　的場　光昭
発行人　荒岩　宏奨
発　行　展　転　社

〒101-0051　東京都千代田区神田神保町2-46-402
TEL　〇三（五三一四）九四七〇
FAX　〇三（五三一四）九四八〇
振替〇〇一四〇－六－七九九九二
印刷製本　中央精版印刷

定価［本体＋税］はカバーに表示してあります。
ISBN978-4-88656-502-0

てんでんBOOKS

[表示価格は本体価格（税抜）です]

改訂増補版 アイヌ先住民族、その不都合な真実20　的場光昭

●特別議席枠、奪われたと称する土地資産の補償等々を求めてやまないアイヌ先住民族運動の驚くべき実態。　1800円

反日石碑テロとの闘い　的場光昭

●北の大地で執拗に展開される〝朝鮮人強制動員記念碑〟の建立計画。戦慄すべき反日活動の実態を詳細にレポート。　1600円

こんなに怖い日本共産党の野望　梅澤昇平

●ソフト路線に転換したように装っているが、暴力革命路線を捨てていない日本共産党の恐ろしい野望を教えます。　1500円

アジアを解放した大東亜戦争　安濃豊

●帝国陸海軍は、太平洋で米軍と激戦を繰り広げながら、東南アジアでは次々に欧米諸国の植民地を独立させていた。　1300円

一次史料が明かす南京事件の真実　池田悠

●安全区・国際委員会を設立したのはアメリカ宣教師団であり、その目的は中国軍の支援保護であった。　1200円

平成の大みうたを仰ぐ 三　国民文化研究会

●御即位三十年記念出版！ 平成二十一年から三十一年までの年頭に発表された御製と御歌を謹解。　2200円

台湾の民主化と政権交代　浅野和生

●台湾が経てきた民主化の道程を振り返るとともに、政権交代をめぐる台湾の政治変動を追う。　1700円

天皇の祈りと道　中村正和

●わが国には「人のために生きる」という思想がある。その思想の淵源は、天皇の祈りと、わが国の神の道にある。　2000円